깨봉이와 꼬미의 술술 동의보감 2권

깨봉이와 꼬미의 술술 동의보감 2권

초판1쇄 펴냄 2023년 9월 20일
초판2쇄 펴냄 2024년 2월 26일

지은이 오창희, 김해완
그린이 니나킴
감   수 여인석

펴낸이 유하나
펴낸곳 곰세마리
주소 서울시 마포구 와우산로 180, 4층
대표전화 02-702-2717 | **팩스** 02-703-0272
홈페이지 www.gom3.kr
원고투고 및 문의 editor@gom3.kr

편집 송예진 | **디자인** 이은솔 | **마케팅** 육소연

저작권법에 의해 한국 내에서 보호를 받는 저작물이므로 무단전재와 무단복제를 금합니다.
ISBN 979-11-978496-9-5 73510
곰세마리는 (주)그린비출판사의 가족브랜드입니다.

* 이 책을 만드는 데 도움을 주신 분들 *

이윤진·조이수·조이랑 | 송소영·이하린 | 김정애·이서연·이도연
배정은·전지민 | 이현숙·김하린 | 이소영·정은우

깨봉이와 꼬미의

술술 동의보감

2권

곰세마리

저자의 말

잘 먹고, 잘 놀고, 잘 자고, 잘 싸기. 이것만 하면 우리 몸은 대체로 건강합니다. 그런데 이걸 실천하려고 하면 궁금증이 생깁니다. 뭘 어떻게 먹는 게 '잘' 먹는 건지, 뭘 어떻게 하는 게 '잘' 노는 건지(공부는 안 해도 되는 건지!), 잠은 졸릴 때 자고 똥오줌은 마려울 때 누면 될 텐데, 그걸 '잘'한다는 건 또 어떻게 하는 건지 등등.

『동의보감』 맨 첫머리에 이런 말이 있습니다. "사람의 머리가 둥근 것은 하늘을 본뜬 것이고, 사람의 발이 넓적한 것은 땅을 본뜬 것이다. 하늘에 사계절이 있듯이 사람에게는 사지(팔다리)가 있고, 하늘에 밤낮이 있듯이 사람에게는 자고 깨어 활동하는 것이 있다."

내 몸이 하늘을 본뜬 것이라니, 신기하지 않나요? 그런데 조금만 생각해 보면 전혀 신기한 일이 아닙니다. 우리는 호흡을 통해 하늘의 기운을 몸속으로 받아들이고, 음식을 통해 땅의 기운을 몸속으로 들여옵니다. 그러니 하늘과 땅, 즉 우주 자연의 모든 것들이 내 안에 있는 건 당연하지요. 그렇다면 우리 몸이 하늘을 닮았다는 것 역시 지극히 당연한 일입니다.

  우리 몸이 하늘과 땅 그리고 만물과 기운을 주고받는 것, 이것을 순환이라고 합니다. 동양에서는 이 순환 원리를 '음양'으로 나타냅니다. 한 번 음이 되고 한 번 양이 되는 것입니다. 그러니 먹고 놀고 자고 쌀 때, 음의 기운과 양의 기운이 균형을 이루도록 하는 것이 우리 몸을 '잘' 돌보는 길이겠지요.

  그렇게 할 수 있으려면 내 몸은 물론이고, 내 몸과 기운을 주고받는 모든 것들에 대해서 잘 알아야 합니다. 친구와 소통을 잘하려면 친구를 알아야 하는 것과 같습니다. 조금씩 조금씩 알아 가다 보면 결국 내 몸을 돌보는 것(양생)이 하늘과 땅 사이의 모든 것들과 함께 잘 사는 일(공생)이라는 걸 깨닫게 될 겁니다.

  그럼 이제 우리의 친구, 깨봉이 그리고 북극곰 꼬미와 함께 몸과 지구의 건강을 돌보는 구체적인 방법을 알아볼까요?

—복희씨, 오창희

차례

저자의 말 —4

캐릭터 소개 —8

1장 아침에 기분 좋게 눈을 뜨려면? —13

2장 몸을 깨우는 아침 루틴이 있다고? —23

3장 꿀잠을 자려면 어떻게 해야 할까? —33

4장 머리는 왜 빗어야 할까? —44

5장 왜 꼭 밥을 먹어야 할까? —53

6장 등을 펴지 않으면 어떻게 될까? —63

7장 침이 약이 된다고? —72

8장 왜 팔다리를 움직여야 할까? —82

9장   변비가 생기면 어떻게 할까? —95

10장   여름엔 왜 뜨거운 삼계탕을 먹을까? —107

11장   놀랐을 때 왜 심호흡을 해야 할까? —118

12장   몸의 열은 어떻게 내릴까? —128

13장   눈과 귀를 건강하게 하려면? —139

14장   겨울엔 왜 목도리를 할까? —150

15장   수승화강이란? —161

〈술술 동의보감〉 출처 —173

저자 소개 —174

캐릭터 소개

깨봉이

감이당에서 택견을 배우게 된 초등학생. 처음엔 훤칠한 택견 샘이 궁금했지만, 택견을 배울수록 몸과 마음을 돌보는 법에 대한 호기심이 샘솟는다. 궁금한 것은 참지 않고 질문해, 날이 갈수록 『동의보감』 척척박사가 되어 간다.

꼬미

기후 위기로 녹아 버린 빙하를 타고 한강을 건너 남산까지 오게 된 북극곰. 새롭게 친구가 된 깨봉이와 함께 감이당에서 시간을 보내며 복희씨가 들려주는 『동의보감』 이야기에 푹 빠진다. 과연 꼬미는 북극으로 돌아갈 수 있을까?

복희씨

감이당에서 『동의보감』을 공부하고 가르치는 선생님. 타고난 소화력의 소유자로 온갖 동양 고전 공부를 소화해 내고 있다. 최근 『주역』을 공부하며 복희씨(『주역』의 근간이 되는 팔괘를 만든 중국 고대 전설의 제왕)에게 푹 빠졌다. 그 덕에 감이당에선 누구에게나 이름 대신 '복희씨'로 통한다. 깨봉이와 꼬미의 엉뚱한 질문에도 찰떡같이 대답해 주며, 이들을 진심으로 아낀다.

택견 샘

출중한 택견 실력은 물론, 잘생긴 외모로 학생들에게 인기 만점! 하지만 깨봉이와 꼬미의 질문 폭탄을 당해 내지 못하고 늘 "복희씨께 여쭤보자!"를 입버릇처럼 외치고 만다. 깨봉이와 꼬미에게 자극을 받아 점점 『동의보감』 공부를 열심히 하게 된다.

해잠 샘

타고난 공부복의 소유자. 어린 시절부터 감이당에서 여러 공부를 했고, 지금은 스페인에서 의대에 다니고 있다. 서양 의학을 공부하고 있지만, 『동의보감』을 비롯한 다른 의학에도 관심이 많다. 『동의보감』 공부에 진심인 깨봉이와 꼬미, 그리고 친동생인 택견 샘을 기특하게 생각한다.

깨봉이와 꼬미의

술술
동의보감

2권

1장
아침에 기분 좋게 눈을 뜨려면?

갑자기 감이당 계단에서 요란한 발자국 소리가 들렸다. 잠시 후 깨봉이가 택견 교실 문을 빼꼼 열고 들어왔다. 택견 샘과 꼬미는 손을 번쩍 들어 깨봉이를 반갑게 맞았다.

"올라~!"

해잠 샘이 있는 스페인에 함께 다녀온 후 자주 스페인어로 인사를 나눴다. 깨봉이는 인사를 받는 둥 마는 둥 얼른 시계부터 쳐다보았다. 벌써 10시 1분 전. '택견 샘이 시작 시간 10분 전에는 택견복으로 갈아입고 모든 준비를 마친 상태로 있으라고 하셨는데…!' 깨봉이는 허둥지둥 택견복으로 갈아입고 허리끈도 제대로 못 묶은 채 엉거주춤한 자세로 자리에 섰다. 그 모습을 지켜보던 택견 샘과 꼬미가 웃음을 터뜨렸다. 깨봉이는 그만 쥐구멍에라도 들어가고 싶은 심정이 되어 혼잣말을 중얼거렸다.

"늦을까 봐 알람을 10분마다 울리게 틀어 놨는데…."

택견 샘이 깨봉이의 어깨를 두드려 주었다.

"깨봉아, 다음부터는 시간 잘 지키도록 하자. 자, 이제 허리끈 제대로 묶고 수업 시작!"

한참 뒤 택견을 마친 셋은 남산 산책에 나섰다. 평소 같으면 택견 샘 옆에서 조잘댈 깨봉이가 늦게 온 게 부끄러웠는지, 오늘은 꼬미 옆에 바짝 붙어서 소곤소곤하며 걷고 있었다. 택견 샘도 꼬미 옆에서 두 친구의 이야기에 슬쩍 귀를 기울였다.

"꼬미야 너는 아침에 일어나는 게 안 힘들어?"

"응, 나는 별로 안 힘들어."

"어떻게 일어나는데?"

"난 아침 일찍 남산의 새들이 지저귀는 소리를 들으면 저절로 눈이 떠져."

"아, 그렇구나. 그럼 나도 새를 길러 볼까?"

"아파트에서? 그러면 새장 속에서 새가 너무 답답할 텐데…."

"사범님! 아침에 눈이 잘 떠지게 하는 방법이 없을까요?"

"알람을 맞춰 놓으면 되지."

"알람을 가까이 두면 저도 모르게 끄고 자 버려요. 멀리 두면 소리가 잘 안 들리고…. 다른 방법 좀 알려 주세요."

택견 샘이 난감한 표정으로 머리를 긁적였다.

"난 택견 사범이라서…. 이따가 복희씨께 여쭤보자!"

산책을 마치고 감이당에 들어서자마자 택견 샘이 탁구장 쪽으로 성큼성큼 걸어갔다. 깨봉이와 꼬미도 그 뒤를 따라갔다. 그때 마침 복희씨가 탁구를 치고 나오고 있었다.

"오, 깨봉이랑 꼬미구나. 오늘은 무슨 동작을 배웠니?"

"가로막기와 치막기요!"

"오~ 그걸 보여 주려고 왔구나!"

"앗, 그건 아니고…. 깨봉이가 아침에 눈이 잘 떠지게 하는 방법을 알고 싶대요! 알람 맞추어 놓는 것 말고요."

"알람 없이 아침에 눈이 잘 떠지게 하는 법이라…."

복희씨가 소파에 앉자 꼬미와 깨봉이도 그 옆에 나란히 앉았다. 그때 복희씨가 좋은 생각이 떠올랐는지 손뼉을 치며 말했다.

"아, 좋은 방법이 있지. 다리를 살살 주물러 주면 돼."

"귀 옆에서 알람이 울려도 눈이 안 떠지는데 다리를 주무르면 된다고요? 그것도 살~살이요?"

복희씨가 깨봉이를 흐뭇한 눈길로 바라보며 말했다.

"습관을 바꾸려고 애쓰다니 참 기특하구나. 아침마다 일어나기 힘들어하면서도 그걸 해결할 생각을 하는 사람은 드물거든. 아이들만이 아니라 어른들도 마찬가지란다. 아침에 일어나는 건 힘든 게 당연하다고 생각하면서 고칠 생각은 별로 안 하지. 날마다 허

겁지겁 아침을 먹는 둥 마는 둥하고 정신없이 하루를 시작하는 사람들이 많아."

"우리 아빠도 아침에 일어나는 걸 힘들어하세요. 복희씨, 왜 다리를 주무르면 되는 건지 얼른 알려 주세요."

"하하, 그러자꾸나. 낮에는 정신이 맑아야 공부도 하고 친구들과 재미나게 놀 수가 있지. 하지만 밤이 되었는데도 정신이 말똥말똥하면 잠을 잘 수가 없겠지? 『동의보감』에 의하면 밤이 되면 낮 동안 심장에서 활동하던 혼이 간으로 들어가 휴식을 취한다고 해. '혼'이라는 건 사물을 구분하거나 상황을 판단할 수 있는 정신 활동을 말하는데, 이런 혼이 간으로 들어가 쉬게 되면 정신도 흐릿해져서 눈이 감기고 잠이 오는 거야. 혼이 밤새 푹 쉬고 낮에 다시 활동을 시작하면, 맑은 정신으로 하루를 보낼 수 있는 거고. 그러니까 아침에 눈을 뜨려면 간에 들어가 쉬고 있는 혼을 깨워야겠지? 그런데 알람을 크게 틀거나 자명종을 요란하게 울리면 어떻게 될까?"

"혼이 깜짝 놀랄 것 같아요."

"맞아. 누가 옆에서 갑자기 소리를 지르면 깜짝 놀라는 것과 같아. 너무 놀라 정신이 없는 상태를 '혼이 빠졌다', '혼이 나갔다'라고 하는 이유도 알겠지? 그러니 혼이 천천히 기분 좋게 깨어나도록 하면 되는데, 그 방법 중 하나가 간을 살살 자극하는 거야."

"간을 자극하는데 왜 다리를 주물러요? 간이 다리에 있나요?"

꼬미와 택견 샘도 이상하다는 표정으로 복희씨를 쳐다보았다. 복희씨가 공부방에 들어가 책 한 권을 들고 나오자, 택견 샘도 슬그머니 다가와 앉았다.

"『동의보감』에서 간이라고 하면 해부를 했을 때 눈으로 볼 수 있는 간만을 말하는 게 아니란다. 우리 몸에는 기(氣)가 흘러 다니는 길이 있어. 우리나라도 전국에 수많은 길들이 있지? 고속도로도 있고 국도도 있고, 그보다 더 좁은 길들도 있고. 이처럼 몸속에도 길이 있는 거지. 그중 큰길들을 경맥, 작은 길들을 낙맥이라고 해. 이런 길들이 오장육부와 연결돼 있어. 그러니 간과 연결된 길도 있겠지? 『동의보감』은 간과 통하는 그 길들까지를 모두 간이라고 본단다."

"그 길이 어디예요?"

복희씨가 책을 펼치더니 남자의 몸에 선이 그어진 그림 중 하나를 손가락으로 가리켰다.

"자, 이게 간과 연결된 길이란다. '간경맥'이라고 하지. 여기 엄지발가락에서 시작해서 발등, 발목을 지나 종아리 안쪽으로 조금 휘어져 들어간 다음 그대로 무릎 안쪽과 허벅지 안쪽을 거쳐, 성기 주변을 한 바퀴 감아 돈단다. 그런 다음 아랫배를 지나 가슴 아래 실제로 간이 있는 부위까지 올라가지. 거기서 몸속으로 들어가 목을 타고 눈을 거쳐 정수리까지 가 닿는단다."

실선은 기가 다니는 큰길이고, 점선은 큰길들을 이어 주는 작은 길, 골목길 같은 거야.

간

"우와, 발끝부터 머리까지 간과 연결되어 있다니! 신기해요."

"신기하지? 그래서 혼을 깨우려면 이 길을 자극해 주면 된단다. 단, 자는 중에 갑자기 허벅지나 배를 만지면 화들짝 놀랄 테니, 발등부터 종아리까지만 살살 주물러 주는 거야. 그러면 간에 자극이 전해져서 혼이 깨어나고, 간과 통하는 눈까지 전달돼서 눈이 저절로 떠지는 거지. 이렇게 눈을 뜨면 기분 좋은 하루가 되겠지?"

"네, 내일부터 당장 해 보고 싶어요. 간의 길이 있다는 것도 신기하고 그게 눈이랑 연결되는 것도 신기해요. 그런데, 모든 오장육부가 다 간처럼 얼굴에 있는 구멍과 연결되나요?"

그때 갑자기 택견 샘이 목소리를 가다듬더니 자신 있게 끼어들었다.

"흠흠, 그건 제가 알려 줄게요! 간은 눈과 연결되고, 심장은 혀, 비장은 입, 폐는 코, 신장은 귀와 연결되어 있어. 맞죠?"

복희씨가 고개를 끄덕이자, 깨봉이와 꼬미가 감탄하며 택견 샘을 존경하는 눈빛으로 쳐다보았다. 그러더니 깨봉이가 갑자기 걱정스러운 표정을 지었다.

"그런데 엄마가 이 말을 믿고 해 주실까요?"

"엄마한테 오늘 배운 걸 잘 설명해 드려 봐. 그러면 엄마도 신기해하실걸. 그리고 스스로 일어나려고 애쓰는 깨봉이가 기특해서라도 해 주실 거야. 그렇게 한참을 하다 보면 나중에는 엄마가 다리를 안 만져 주셔도 저절로 눈을 뜨게 될 거야."

"네, 해 볼게요!"

복희씨가 공부방으로 들어간 뒤에도 깨봉이와 꼬미는 소파에 앉아 다리를 손으로 짚어 가며 도란도란 이야기를 주고받았다.

〈술술 동의보감〉

"오장의 정기는 늘 얼굴의 일곱 구멍과 통한다. 폐기는 코와 통하므로 폐의 기운이 조화로우면 냄새를 잘 맡을 수 있다. 심기는 혀와 통하므로 심장의 기운이 조화로우면 다섯 가지 맛을 잘 구분할 수 있다. 간기는 눈과 통하므로 간의 기운이 조화로우면 색을 잘 판별할 수 있다. 비기는 입과 통하므로 비의 기운이 조화로우면 음식물의 맛을 잘 알 수 있다. 신기는 귀와 통하므로 신장의 기운이 조화로우면 소리를 잘 들을 수 있다."

2장
몸을 깨우는 아침 루틴이 있다고?

깨봉이는 엄마가 아침에 다리를 주물러 준 뒤부터 신기하게도 전보다 빨리 눈이 떠졌다. 오늘은 다리를 주무르기도 전에 깼다. 시계를 보니 아직 감이당에 갈 시간이 많이 남아 있었다. 일찌감치 택견하러 갈 준비를 다 마치고 소파에 앉아 텔레비전을 막 켜는데, 엄마 목소리가 들렸다.

"깨봉이 일찍 일어났네! 일찍 일어나니 기분이 좋지?"
"네, 좋아요. 근데 일찍 일어나니까 뭘 해야 할지 모르겠어요."
"하하, 이젠 그게 걱정이구나. 책을 읽거나 택견 연습을 하면 어떨까?"

"아, 택견!"

깨봉이가 거실에서 막 택견 동작을 하려고 하는데 아빠가 화장실에서 나왔다. 그러자 깨봉이는 얼른 치막기와 내리막기를 선보였다.

"오, 우리 깨봉이 제법인데?"

아빠의 말에 신이 났는지 깨봉이가 갑자기 발차기를 하겠다며 덤볐다.

"얍! 얍!"
"아니, 그러다 다칠라 살살해!"
"어이쿠! 아고고…."

곁에서 지켜보던 엄마의 말이 끝나기가 무섭게 깨봉이가 거실 바닥에 나동그라졌다.

"저런 저런, 안 다쳤어?"
"네에… 윽!"

"아이구… 이래서 택견하러 갈 수 있겠어?"

아빠의 걱정 어린 말에 깨봉이가 벌떡 일어나더니 두 팔에 불끈 힘을 주었다.

"저 아무렇지도 않아요."
"깨봉이는 택견이 그렇게 좋아?"
"네, 택견도 좋고 꼬미도 좋고 택견 샘도 좋고 복희씨도 좋고 감이당도 좋고 남산도 좋고 다~ 좋아요. 물론 엄마 아빠도 좋아요!"
"하하, 녀석! 그래, 알았어. 아침 먹자!"
"네!"

깨봉이가 한 손으로 연신 엉덩이를 만지며 조심조심 식탁 의자에 앉았다.

아침을 먹고 감이당에 온 깨봉이가 꼬미 눈치를 살피면서 슬쩍슬쩍 엉덩이를 문질렀다. 그걸 본 택견 샘이 깨봉이에게 말을 건넸다.

"깨봉이 똥 마렵니?"

"아니에요. 똥이라뇨!"

"그럼 왜 자꾸 엉덩이를 만져? 넘어졌어?"

"아… 그게, 아침에 일어나서 택견 연습하다가 넘어졌어요."

"아침부터 택견 연습을 하다니 훌륭한데! 그런데 어쩌다 넘어진 거지? 하기 전에 매트도 깔고 준비 운동도 했을 텐데…."

택견 샘의 말에 아차 싶은 깨봉이가 대답을 못하고 우물쭈물하자 택견 샘이 놀란 목소리로 말했다.

"저런, 그걸 잊어버린 모양이네. 운동을 하기 전에는 꼭 몸에 통보를 해야 해. 이제부터 운동을 할 테니 준비하라고 말이야. 그래야 몸이 준비를 하지. 더군다나 밤새 자느라 근육이 있는 대로 풀어져 있는 아침에는 더욱 준비가 필요해. 안 그러면 근육이 화들짝 놀라게 된다고."

옆에서 잠자코 택견 샘의 말을 듣고 있던 꼬미가 끼어들었다.

"사범님, 그럼 아침에 일어나면 자는 동안 풀어져 있던 근육을 잘 조여야겠네요."
"그렇지. 그래야지."

택견 샘의 목소리가 부드러워지자 깨봉이가 다시 물었다.

"사범님, 그럼 아침에 일어나면 해야 할 일을 알려 주세요."
"어? 아침에 할 일?"
"네, 내일 아침부터 바로 해 보려고요."

깨봉이의 물음에 택견 샘의 표정이 조금 어두워지는 것 같았다. 그때, 떠들썩한 소리에 무슨 일인가 하고 복희씨가 공부방 문을 열고 나왔다. 복희씨를 본 택견 샘의 표정이 갑자기 환하게 밝아졌다.

"복희씨!!"

택견 샘이 사정을 말씀드리자 복희씨가 깨봉이에게 크게 다친 데는 없는지 묻더니 이야기를 시작했다.

"아침에 눈을 뜨면 우선 자리에 누운 채 팔다리부터 움직이는 게 순서지. 왜냐하면 밤은 음의 기운이 활동하는 시간이거든. 상대적으로 양의 기운은 덜 움직이게 돼. 그런데 낮은 양의 기운이 활동하는 시간이잖니? 그러니 밤새 음이 활동하던 몸을 흔들어서 잠자고 있던 양의 기운을 깨워 주는 거야. 깨봉이가 이런 준비운동 없이 움직이다가 다친 거란다."

꼬미는 누운 채 팔다리를 움직인다는 게 잘 이해되지 않았다.

"누워서 팔다리를 어떻게 움직여야 해요?"
"등을 바닥에 딱 붙인 채, 팔과 다리를 하늘로 쳐들고 동시에 흔들어 주면 돼."

"이렇게 아기들처럼요? 히히!"

"그래, 아기들처럼. 깨봉이가 흉내를 아주 잘 내는구나. 하하. 팔과 다리를 쭉 펴고 떨어 주는 거야."

꼬미는 깨봉이를 따라 팔다리를 흔들며 말했다.

"근데 얼마 동안 하면 되나요?"

"한 2~3분 정도면 충분해. 그런 다음에는 천천히 일어나 앉아서 아랫니와 윗니를 맞부딪쳐 주면 좋아. 입안에 생긴 침을 천천히 삼키면 더 좋고. 그러면 이도 아주 튼튼해지고 몸도 건강해진단다. 그리고 천천히 걸어가서 음양탕을 마시는 거야."

"아, 그건 싫어요. 한약은 정말 먹기 싫다고요."

"하하. 깨봉이는 음양탕이라고 하니 한약인 줄 알았구나. 음양탕은 물이야. 음과 양이 잘 섞인 물."

"음과 양을 어떻게 섞을 수가 있어요?"

"우리 꼬미는 질문 왕인걸? 직접 보여 줄게."

복희씨가 컵을 들고 정수기 앞으로 갔다.

"차가운 물은 음적이고 뜨거운 물은 양적이야. 그러니까 차가운 물과 뜨거운 물을 반씩 섞으면 음양탕이 돼. 이때 중요한 건 순서야. 뜨거운 물은 위로 올라오려고 하고 차가운 물은 밑으로 내려가려고 하는 성질이 있어. 그러니 이렇게 뜨거운 물을 먼저 담고, 그 다음에 차가운 물을 넣어야 음과 양이 잘 섞인단다. 이렇게 음과 양이 조화롭게 섞인 물을 천천히 마시면 음양의 기운이 서로 순환이 되면서 사람의 몸도 활력을 갖게 돼. 그래서 아침을 먹기 전에 음양탕을 마셔 주면 좋은 거야."

열심히 듣고 있던 깨봉이가 시큰둥한 표정을 지었다.

"에휴, 아침에 이걸 하다가 시간 다 가겠어요."

복희씨가 그렇게 말할 줄 알았다는 듯 손가락을 꼽아 보였다.

"팔다리 떨기 2~3분, 이 마주치고 침 삼키는 건 1분, 음양탕 만들어 마시는 데 2~3분, 합해서 10분 정도면 충분해. 하루 10분으로 몸이 튼튼해진다면 그보다 더 훌륭한 건강법이 어디 있을까? 아침마다 떨어 봤니? 아침마다 마셔 봤니? 하하하."

복희씨의 구호에 갑자기 신이 난 깨봉이와 꼬미가 동시에 소파에서 벌떡 일어났다.

"좋아요! 아침마다 떨어 봤니? 아침마다 마셔 봤니?"

깨봉이와 꼬미는 신나게 구호를 외치며 3층으로 올라갔다.

〈술술 동의보감〉

"음식을 먹은 뒤에 양치를 몇 번 하면 충치가 생기지 않는다. 양생가는 새벽에 일어나서 치아를 맞부딪치기 때문에 일생 동안 잇병이 생기지 않는다."

3장
꿀잠을 자려면 어떻게 해야 할까?

깨봉이가 일찌감치 숙제를 끝내고 시계를 보니 잘 시간까지는 아직 한참 여유가 있었다. 거실로 나오니 아빠와 엄마가 텔레비전을 보고 있었다. 텔레비전 속에서는 내레이터(영화나 방송 등에서 직접 등장하지 않고 장면 등을 해설하는 사람)가 뭔가를 설명하고 있었다.

"중세 시대의 일상이 담긴 편지나 기타 기록물, 소설 속 장면 등에 두 번의 잠을 잤다는 기록이 있다. 초저녁부터 잠자리에 들어 첫 번째 잠을 자고, 피로가 풀리면 자정쯤 일어나 집안일이나 독서, 편지 쓰기, 기도 등등 집안에서 여러 활동들을 했다. 이 시간에 컨디션이 최상의 상태라 집중이 잘 되었다. 그렇게 한두 시간 활동을 하다가 잠이 오면 다시 두 번째 잠을 잤다. 그리고 동이 틀 무렵 일어나 하루를 시작했다. 그러다가 전깃불이 발명되자 밤에도 다양한 야외 활동이 가능해졌고, 차츰 잠자리에 드는 시간이 늦어지게 되었다. 그러면서 한번 잠자리에 들면 아침까지 쭉 자는 게 정상이고 중간에 깨면 비정상이라는 기준이 생기게 되었다. 그 무렵 수면제가 개발되자, 며칠만 잠이 안 오거나 중간에 깨는 일이 반복되면 바로 병원을 찾아 수면제를 처방받는 사람들이 늘어났다. 그러다 보니 사람들은 점점 스스로 잠을 잘 수 있는 능력을 잃어 가고 있다."

깨봉이는 두 번의 잠도 신기했지만, 잠을 못 자는 사람들이 있다는 게 더 신기했다. 그때 엄마가 아빠를 쳐다보며 조심스레 말을 건넸다.

"힘들겠지만 당신도 다른 방법을 조금 더 생각해 보고, 안 되면 그때 병원에 가는 게 좋을 것 같은데, 어때요?"
"다큐를 보면서 나도 그렇게 생각했어요. 힘들 때는 당장 수면제를 먹고 싶은데, 한번 먹기 시작하면 거기에 의존할 것 같기도 하고, 부작용을 보니까 겁이 나기도 하고…."

깨봉이는 아빠가 불면증(밤에 잠을 잘 자지 못하는 증상) 때문에 고생하시는 것도 모르고 자기만 쿨쿨 잤다는 생각에 조금 죄송했다. 내일 감이당에 가서, 누우면 곯아떨어지는 비결을 물어봐야겠다고 생각하며 잠자리에 들었다.

다음날 택견 수업을 마친 뒤 깨봉이의 질문을 받은 택견 샘이 생각할 것도 없다는 듯 앞장을 섰다.

"복희씨도 나 못지않게 꿀잠을 주무시니 가서 여쭤보자고!"

사연을 들은 복희씨는 깨봉이가 대견스러웠다.

"깨봉이가 아빠를 생각하는 마음이 깊구나. 그렇다면 오늘은 우리 함께 생각해 볼까?"

깨봉이와 꼬미가 '저희도요?' 하는 표정을 지었다.

"지금까지 배운 걸 조금만 응용하면 충분히 생각해 낼 수 있단다. 전에 우리 몸속에 자연이 있다는 말을 한 적 있지? 자연이 운동하는 방법과 몸이 운동하는 방법이 같다고 했었고. 이 운동에는 기본 법칙이 있다고 했는데, 생각나니?"

복희씨의 말이 떨어지기 무섭게 깨봉이가 소리쳤다.

"음양탕이요!"

꼬미와 택견 샘의 눈이 둥그레지자, 복희씨가 웃음을 터뜨렸다.

"하하, 음양탕은 아침에 일어나서 마시면 좋다고 한 물이었지? 자연의 기본 법칙은 음과 양이 번갈아 가며 찾아온다는 거야. 그럼 주변에서 볼 수 있는 음양의 법칙을 말해 볼까?"

깨봉이가 이번에는 정말 자신 있다는 듯이 손을 번쩍 들었다.

"낮이 됐다가 밤이 됐다가 다시 또 낮이 되고 밤이 되는 거요."
"옳지! 그래. 그리고 또 어떤 게 있을까?"
"계절이 봄, 여름, 가을, 겨울로 바뀌는 거요."

북극에서 온 꼬미는 아무래도 사계절의 뚜렷한 변화가 신기한 모양이었다. 복희씨가 두 아이를 칭찬하며 계속 질문을 주고받았다.

"자연은 모두 이 리듬 안에서 움직인단다. 사람이 태어나고 성장하고 늙고 죽는 것도, 나라의 흥망성쇠도 모두 다. 그렇다면 하루도 이 리듬을 타겠지?"

"네! 아침은 봄, 한낮은 여름, 오후는 가을, 밤은 겨울이 될 것 같아요."

"오~ 꼬미가 생각을 깊이 했구나. 그럼 꿀잠을 자려면 어느 계절에서 배우면 될까?"

"겨울이요!"

"깨봉이도 훌륭한걸! 그럼 겨울의 남산은 어떤 모습일까?"

깨봉이와 꼬미는 머리를 맞대고 한참을 쑥덕이더니, 번갈아 가며 말하기 시작했다.

"겨울에는 나무들이 잎을 다 떨구고 가지만 앙상하게 남아요."
"다른 계절보다 조용하고 일찍 깜깜해져요."
"나무도 새도 봄이나 여름처럼 활발하게 안 움직여요."

"덜 움직이니까 조금 먹는 것 같아요."

복희씨와 택견 샘이 우렁차게 박수를 쳤다.

"자, 그럼 지금까지 이야기한 내용들을 꿀잠 자는 방법에 하나씩 적용해 볼까?"
"겨울나무가 잎을 몽땅 떨군 것처럼 몸을 홀가분하게 해요."
"방을 깜깜하게 해서 눈을 감고 편안히 잘 수 있게 해요."
"오, 좋아! 그런데, 몸을 홀가분하게 하고 마음도 편안하게 하려면 어떻게 해야 하지? 구체적으로 말해 볼까?"

깨봉이와 꼬미는 묻고 답하는 게 재미있었는지, 신나는 목소리로 앞다투어 대답했다.

"편안하게 잘 수 있도록 옷을 가볍게 입어요."
"자기 전에는 심한 운동을 하지 말고, 많이 먹으면 안 돼요. 오장육부가 쉴 수 있게 위장도 비우고 또… 오줌도 누고!"

오줌을 눈다는 꼬미의 말에 깨봉이가 킥킥 웃다가 행여 질세라 한 가지를 더 보탰다.

"숙제도 끝내고 가방도 챙겨 놓아야 해요. 안 그러면 걱정이 돼서 마음 편히 잘 수 없어요."

"그래, 깨봉이가 잘 알고 있구나. 밤이 되면 눈에 보이던 만물이 어둠 속으로 모습을 감추고 온갖 소음들도 잠잠해져. 눈도 귀도 편안해지고 몸도 마음도 차분해지지. 그러면 우리 몸도 '이제 하루가 끝났구나' 하고 잠자리에 들 준비를 한단다. 낮 동안에 심장에서 전신으로 흘러가고 흘러오던 피가, 혼과 함께 휴식을 취하러 간으로 들어가는 거지. 간에 피가 가득차면 우리 몸은 밤인 줄 알아채고 간과 연결된 눈이 감기면서 잠이 오게 돼. 그런데 계속 생각을 하면 '아직 해결해야 할 일이 남았구나' 싶어서 심장에서 피를 간으로 보내 주질 않아. 그러면 눈은 점점 말똥말똥해져."

가만히 듣고만 있던 택견 샘이 입을 열었다.

"저희 집 주변은 온통 가게들이어서 밤에도 불빛이 환해요. 밤늦게까지 자동차 소리, 길거리에 다니는 사람들 소리로 시끄럽고요. 물론 저야 그 와중에도 잘 자지만, 복희씨 말씀을 듣고 보니 저는 자고 있어도 몸은 불빛 때문에 낮인 줄 착각할 수도 있겠네요. 그래서 낮에도 피곤한 걸까요?"

"그럴 수도 있을 것 같아. 그런데 깨봉이와 꼬미, 혹시 '블루라

이트'라는 말 들어 봤니?"

깨봉이와 꼬미가 처음 듣는 말이라는 표정을 지었다.

"우리 몸은 '파란빛'의 파장이 들어오면 낮이라고 인식하도록 프로그래밍되어 있대. 왜냐하면 수천만 년 동안 맑은 아침 하늘에서 흩어지는 파란빛이 '아침이 왔구나' 하는 걸 알려 주었기 때문이야. 그런데 요즘 우리가 사용하고 있는 전자 기기들에서 나오는 빛이 '아침 하늘의 파란빛'인 '블루라이트'래. 그러니 이런 기기들을 켜 놓으면 자고 있어도 몸은 낮이라고 인식하는 거지. 그래서 잠자리에서 스마트폰이나 텔레비전을 보지 말라고 하는 거야."

깨봉이와 택견 샘은 잠 습관을 들킨 것 같아 뜨끔했다.

"자, 그럼 우리 깨봉이가 꿀잠 자는 법을 큰 소리로 한번 정리해 볼까?"

"네? 아, 네! 저녁에 배부르게 먹지 않기. 그날 할 일은 깔끔하게 마무리해 두기. 잠자리에 누워서 생각 많이 안 하기, 그리고 스마트폰이나 텔레비전 보지 않기!"

박수가 터져 나오자, 깨봉이가 인사를 꾸벅하더니 후다닥 계단을 향해 뛰어갔다. 꼬미가 소리쳤다.

"어딜 가는 거야?"

깨봉이가 뒤도 돌아보지 않고 계단을 내려가며 큰 소리로 대답했다.

"얼른 집에 가서 아빠께 알려 드리려고~!"

〈술술 동의보감〉

"사람이 잠이 들면 피는 간으로 돌아간다. 만약 피가 간으로 돌아가지 못하면 놀란 것처럼 가슴이 두근거리고 잠을 자지 못하게 된다."

머리는 왜 빗어야 할까?

"어? 아빠, 모자 사셨어요?"
"응, 머리카락이 자꾸 빠지니 정수리가 훤해져서 모자를 좀 써 볼까 하고. 엄마랑 시장 갔다가 하나 샀는데…. 어때, 아빠 괜찮아 보여?"

아빠는 거울을 보며 연신 모자를 매만졌다.

"네, 좋아 보여요. 근데 오늘 어디 가세요?"
"아, 오늘 오후에 모임이 있어서 엄마랑 같이 다녀올 테니, 택견 마치고 와서 문단속 잘 하고 있어야 해."

"네~!"

택견을 마치고 시계를 보니 점심시간까지는 아직 여유가 있었다. 깨봉이와 꼬미는 점심 메뉴가 뭔지 확인해 보고 산책을 가기로 했다. 3층 식당에 들어서니 카레 냄새가 물씬 풍겼다. 식당 한편에 빙 둘러선 사람들의 웃음소리도 들려왔다. 그 한가운데 놓인 둥근 테이블 위에는 두 살쯤 되어 보이는 아기가 앉아 있었다. 집에 가려는 참이었는지 아기 엄마가 아기에게 겉옷을 입히고 모자를 씌우고 있었다. 그걸 본 복희씨가 말했다.

"모자는 씌우지 않는 게 좋을 텐데…."

아기 엄마는 그 이유가 궁금한 듯 복희씨를 쳐다봤다.

"아기들은 양기 덩어리라 열이 많은데 모자를 씌우면 열이 발산되지 못해요. 아기가 말을 못 해서 그렇지 무척 답답할 거예요."

그러자 아기 엄마는 그런 줄 몰랐다며 모자를 벗겨 가방에 넣었다. 아기와 엄마가 떠나자, 꼬미가 어서 산책을

가자며 깨봉이를 재촉했다. 옆에 있던 복희씨도 함께 산책길에 나섰다. 바깥으로 나오자마자 깨봉이가 물었다.

"복희씨, 그럼 어른들은 모자를 써도 되나요?"

느닷없는 질문에 복희씨가 어리둥절해하자 깨봉이가 아침에 아빠와 주고받은 대화 내용을 들려주었다.

"저런! 지난번엔 아빠가 잠을 잘 못 주무신다더니, 탈모도 있으시구나. 사람이 나이가 들면 모든 기운이 쇠퇴하면서 머리카락도 새로 나는 것보다 빠지는 게 더 많아진단다. 그래서 머리숱이 점차 적어지는 거지. 그건 자연스러운 일이야. 그런데 유독 정수리의 머리카락만 빠진다면 그건 그곳으로 열이 집중돼서 그런 것 같아. 요즘은 20~30대 젊은이들도 탈모로 고민하는 사람들이 많다고 해. 심지어는 청소년들도."

"맞아요. 우리 반에 영재 스쿨 다니는 친구가 있는데 걔도 머리카락이 동그랗게 빠져서 병원에 다녀요. 공부 때문에 스트레스를 받아서 그렇다고 했어요. 공부를 너무 열심히 하는 건 안 좋은 것 같아요."

깨봉이가 공부 탓을 하자 옆에 있던 꼬미가 물었다.

"그럼 너희 아빠는 왜 머리가 빠지셨어?"
"응? 우리 아빠도 맨날 공부하셔. 밤 늦게까지 어려운 책도 엄청 읽고, 글도 쓰셔. 역시 공부를 너무 많이 하는 게 문제라니까."
"꼭 공부 때문이라고 할 수만은 없어. 공부를 할 때 머리를 쓰게 되니 피가 머리로 몰리는 건 당연해. 그래야 두뇌 회전이 빨라져서 이해가 잘 되고 새로운 생각도 하게 되니까. 그렇게 피가 몰리고 생각을 활발하게 하니까 열이 나겠지? 그럼 머리를 안 쓰고 살아야 할까?"

복희씨는 할 말이 많았는지 대답을 기다리지 않고 설명을 이어 갔다.

"요즘은 무슨 문제만 생기면 스트레스 때문이라고 하는데, 왜 그렇게 스트레스를 많이 받고 사는지를 생각해 봐야 한단다. 우리도 한 번 음이 되고 한 번 양이 되는 자연의 운동 법칙 위에서 살고 있어. 그러니까 공부하면서 머리를 썼으면 방 청소를 하면서 몸을 쓰기도 하고, 몸을 많이 움직였으면 푹 쉬기도 하며 균형을 맞춰야 해. 쉴 때도 게임을 하는데 그러면 또 열이 나니까 그건 쉬는 거라고 할 수 없겠지? 그러니 공부 스트레스라고만 할 게 아니라 생활에서 음양이 균형을 이루는지 돌아봐야 해."

깨봉이가 고개를 크게 끄덕였다. 복희씨가 챙겨 온 물을 한 모금 마시며 잠시 숨을 돌렸다.

"그럼 다시 탈모 이야기로 돌아가 볼까? 머리에 열이 몰리면 두피에도 열이 나고 두피에 열이 나면 머리카락의 뿌리를 잡고 있는 근육도 느슨해진단다. 그러면 머리카락이 쉽게 빠지게 돼."
"그럼 모자를 안 쓰는 게 좋겠어요. 모자를 쓰면 열이 빠져나갈 수가 없어서 머리카락이 더 빠질 수 있으니까요. 아빠한테 모자를 쓰지 마시라고 말씀드려야겠어요."

 "그래, 머리는 늘 시원하게 하는 게 좋아. 물론 여름에 햇볕이 너무 뜨거울 때나 심하게 추울 때는 모자를 써서 머리를 보호해 줘야 하겠지만. 그런데 무엇보다 중요한 건, 열을 많이 발생시키지 않는 거야. 그러려면 저녁엔 배부르게 먹지 말아야 해. 소화 시간이 오래 걸리는 기름진 음식은 더더욱 피해야 하고. 오장육부가 쉬지도 못하고 밤새 일하느라 얼마나 많은 열이 나겠니? 이렇게 생긴 몸의 열을 식히고 머리를 시원하게 하는 데엔 걷는 것도 도움이 된단다. 발바닥 한가운데에 몸의 물을 조절하는 '용천'이라는 혈자리가 있는데, 걸으면 그곳이 자극을 받아 몸에 물이 잘 돌고 열이 식게 되지."

 탈모 이야기를 하다 보니 어느새 감이당에 도착했다. 계단을 올라가면서 깨봉이가 물었다.

 "『동의보감』에 머리에 몰린 열을 빼는 방법은 없나요? 아빠한테 알려 드리려고요."
 "『동의보감』에 나와 있지. 머리를 자주 빗는 거야."
 "에이~ 그게 어떻게 열을 내려요."
 "너무 쉬워서 깨봉이가 못 믿는구나. 방법이 어려워야 치료가 되는 건 아니란다. 머리를 부드러운 빗으로 자주 빗어 주면 두피의 혈액 순환이 잘되면서 머리에 몰려 있던 열도 흩어지게 된단다. 그래서 머리를 빗으면 시원한 느낌이 드는 거야. 머리를 자주 빗으면 눈도 밝아진다고 해서, 옛날에 건강을 생각하는 분들은 항상 새벽에 빗질을 120번씩 했단다."

"헉! 120번이나요?"

"너무 많은 것 같지? 그런데 앞뒤로 또 양옆으로 번갈아 가면서 빗으니 금세 120번이 되던걸. 그리고 조선 시대에 공부를 좋아하기로 둘째가라면 서러워할 정조 임금님이 쓴 글에도 머리를 빗으라는 내용이 있어."

복희씨가 공책을 가져와 천천히 읽어 주었다.

"젊었을 적에 '매일 빗질을 하라'고 권한 사람이 있었는데, 근년에 들어서 비로소 빗질을 하기 시작했더니, 머리와 시력이 맑고 시원해졌으며 잠이 저절로 왔다. 섭생가들이 머리를 빗질하는 것은 언제나 매일 120번을 기준으로 삼고 있는데, […] 오늘날의 사람들 가운데 매일 빗질할 수 있는 이가 드문 것은 바로 일찍 일어나지 못하기 때문이다."

깨봉이는 그제야 믿음이 가는 모양이었다.

"정조 임금님 말씀이 맞아요. 아침에 늦게 일어나기 때문에 그런 걸 할 시간이 없었던 거예요. 이걸 아빠한테 얼른 알려 드려야겠어요. 모자는 가능한 한 쓰지 말 것, 아침에 일어나서 머리를 120번씩 빗을 것, 치킨 같은 기름진 음식을 덜 먹을 것."
"어? 깨봉아, 우리 아침에 할 일이 하나 더 생겼어."

꼬미의 말에 눈을 마주친 둘은 신나게 몸을 들썩이며 한목소리로 외쳤다.

"날마다 떨어 봤니? 날마다 마셔 봤니? 날마다 빗어 봤니?"

〈술술 동의보감〉

"머리카락은 혈의 나머지이므로 하루에 한 번은 빗어야 한다. 머리카락을 자주 빗으면 눈이 밝아지고 풍이 없어진다. 그러므로 도가(道家)에서는 항상 새벽에 빗질을 120번씩 하였다."

5장
왜 꼭 밥을 먹어야 할까?

"엄마, 우리 오늘 저녁에는 치킨 먹어요!"

"얼마 전에 먹었으니, 오늘은 밥을 먹는 게 좋을 것 같은데…."

"지아네는 피자나 치킨 이런 걸 자주 저녁으로 먹던걸요? 저녁 먹고 나서 밤에 출출할 때 야식으로 시켜 먹기도 하고요. 저번에 지아네 집에서 자던 날 밤에 다 같이 먹었는데 정말 맛있었어요."

"그게 그렇게 부러웠니?"

"부럽긴요, 엄마가 해 주시는 밥이 얼마나 맛있는데요. 근데 오늘은 갑자기 뱃속에서 치킨을 보내 달라고 하네요. 하하!"

그때 현관문이 열리는 소리가 났다. 아빠였다. 깨봉이

가 공처럼 튀어 나가 인사하자, 아빠가 치킨 냄새가 물씬 풍기는 종이 가방을 내밀었다. 깨봉이는 종이 가방을 눈 깜짝할 새에 받아들고는 쏜살같이 식탁으로 달려갔다.

"하하, 깨봉이가 오늘따라 나를 엄청 반가워하네요."
"안 그래도 깨봉이가 오늘 저녁에 치킨 먹자고 하는 걸 내가 밥을 먹자고 말하던 중이었어요."
"아, 그랬어요? 기왕 사 왔으니 오늘은 같이 맛있게 먹읍시다!"

그 사이 깨봉이는 벌써 치킨을 꺼내 접시에 담고 콜라를 컵에 따르며 콧노래를 불렀다. 식탁에 둘러앉아 치킨을 먹던 중에 엄마가 말했다.

"당신도 밤에 이런 치킨 좀 덜 먹었으면 좋겠어요. 탈모 때문에 걱정할 때 깨봉이가 감이당에서 배웠다면서 말해 줬잖아요. 그때 『동의보감』에서 그랬다고 했죠? 야식은 절대 먹으면 안 된다고."

그때 손가락을 쪽쪽 빨며 맛있게 먹던 깨봉이가 불쑥 끼어들었다.

"야식 금지가 아니라 저녁에 배불리 먹지 말라는 거였어요."

"저녁에 배부르게 먹지 말라는 이유가 뭐겠니? 저녁이 되면 오장육부도 쉬어야 해. 그런데 저녁을 배가 부르도록 먹고 야식까지 먹으면 오장육부는 그걸 소화시키느라 쉬지도 못하고 계속 일을 해야 하지. 그러면 열이 더 나지 않겠어? 더군다나 기름에 튀긴 음식은 얼마나 많은 열을 발생시킬까?"

래퍼 같은 엄마의 말에 깨봉이와 아빠가 할 말을 잃고 서로를 동시에 쳐다봤다. 그때 깨봉이 눈에 아빠의 훤한 정수리가 눈에 들어왔다. 속으로 좀 뜨끔했다. 아빠의 머리카락를 지켜 주겠다며 큰소리를 쳐 놓고 정작 자기가 그걸 어기다니, 뭔가 앞뒤가 안 맞는다는 생각이 들었던 것이다.

다음날 택견 샘에게 어젯밤의 치킨 사건을 털어놓았다. 그 말을 듣던 택견 샘 입안에 군침이 돌았다.

"깨봉이가 잘못했네. 근데, 치킨이 맛있긴 하지. 특히 밤에 먹는 치킨 맛은 정말…."

꼬미가 화들짝 놀라며 택견 샘의 팔을 흔들었다.

"사범님이 그렇게 말하시면 어떡해요?"
"어 그래, 내 정신 좀 봐."

깨봉이가 정말 궁금하다는 듯 질문을 했다.

"사범님, 근데 왜 꼭 밥을 먹어야 해요? 인스턴트 식품이나 치킨 같은 게 기름기가 많고 자주 먹으면 안 좋다는 건 알겠는데, 왜 밥을 먹어야 하는지는 모르겠어요."
"글쎄, 나도 궁금해지네."
"저도 그게 궁금해요."

서로 눈을 맞춘 셋은 동시에 외쳤다.

"우리 모두 복희씨께!!"

그때 마침 복희씨가 탁구장 문을 열고 나왔다.

"우리 택견 꿈나무들, 오늘은 뭐가 궁금해서 왔을까?"

복희씨가 정수기에서 뜨거운 물 반, 차가운 물 반을 받아 음양탕을 만들어 마시고 소파에 앉자, 꼬미가 대표로 질문을 했다.

"왜 밥을 먹어야 해요? 피자나 치킨 같은 걸 자주 먹으면 안 좋은 건 알겠는데, 밥을 먹으면 뭐가 좋은지 잘 모르겠어요."
"맞아요. 그냥 맛있는 거, 먹고 싶은 거 꼭꼭 씹어서 먹으면 되는 거 아니에요?"

깨봉이의 표정이 너무 간절해 보였다.

"그렇지, 뭐든 먹고 싶은 걸 맛있게 먹어야 소화도 잘되고 몸에도 좋은 법이지. 예전에 정(精)·기(氣)·신(神) 삼총사에 대해 공부했던 거 기억나니? 이 중에서 우리 몸을 이루는 기본 물질이 뭐였지?"
"'정'이요!"

곧바로 대답을 한 꼬미가 이어서 질문을 했다.

"근데 정은 밥을 먹어야만 만들어지는 거예요? 다른 걸 먹으면 안 만들어져요?"

 "아주 안 만들어진다고 하기는 어렵겠지만, 『동의보감』에서는 담담한 음식만이 정을 보충할 수 있다고 해. 향기가 진한 음식은 정을 생기게 할 수 없다는 거지. 왜 그럴까?"

 모두 대답을 못하고 복희씨만 쳐다보았다.

"질문이 좀 어려웠나 보구나. 사람은 하늘의 기운인 천기와 땅의 기운인 지기로 살아가. 인간만이 아니라 생명체들은 모두 그렇지. 호흡을 통해서 하늘의 기운을 받고, 음식을 먹어서 땅의 기운을 받아. 이 중에서 땅의 기운을 오롯이 간직하고 있는 것이 오곡(온갖 곡식 또는 다섯 가지 중요한 곡식)이란다. 그런데 거기에 갖은양념을 하고 가공 과정을 많이 거칠수록 그 안에 살아 있던 땅의 기운은 사라질 수밖에 없지 않겠니?"

 모두 귀를 기울여 듣는 모습을 보자 복희씨는 더 자세히 알려 주고 싶은 마음이 생겼다.

"요즘 음식들은 향도 강하고 양념도 과하게 해서 너무 맵거나 단 음식들이 대부분이야. 심지어는 떡에도 단맛은 기본이고, 치즈며 초콜릿 같은 걸 넣어서 담담한 맛이 사라져 가고 있어. 사람들은 점차 거기에 입맛이 길들여져서 강한 맛을 내지 않으면 싱거워서 잘 먹질 않아. 점점 더 땅과는 멀어지고 있어서 안타까워. 고층 빌딩에 사는 사람들이 불면증에 걸리거나 이런저런 병에 걸리는 확률이 높다는 연구 결과도 있더라고. 먹는 것이든 잠자리든 땅의 기운에서 멀어질수록 우리 몸은 점점 힘들어져."

꼬미는 여전히 궁금증이 풀리지 않았다.

"오곡에서 정이 생겨난다는 게 머릿속에 잘 그려지지 않아요."
"『동의보감』에서는 죽이나 밥을 끓이면 걸쭉한 즙 같은 것이 솥 가운데로 모이는데 이게 오곡의 정액, 즉 땅의 기운 중에서도 가장 알맹이가 되는 즙이라고 한단다. 요즘은 밥솥이 알아서 밥을 다 해 주니 밥이 되어 가는 과정을 눈으로 볼 기회가 없지만, 냄비에 밥을 하면 이 과정을 볼 수가 있어. 사람이 아파서 음식을 잘 못 먹을 때 죽이나 미음을 쒀서 먹게 하는 것도 이 걸쭉한 즙을 먹여서 정을 보충해 주려는 거야. 오곡의 알맹이가 농축된 즙에서 정이 만들어져서 뼈의 골수, 머리의 뇌수, 정액 등으로 저장된단다. 이게 충분히 저장이 되어야 거기서 피도 만들어지고 신체 각 부분에 필요한 호르몬도 제대로 분비가 돼. 그러니 밥을 꼭꼭 씹어서 잘 먹어야 뼈도 튼튼, 머리카락도 반짝반짝, 피부도 윤택해지겠지? 이래서 '정'(精) 자에 '쌀 미'(米) 자가 들어 있는 거란다."

그때 깨봉이 머릿속에 불이 번쩍 켜졌다.

"아! 이제 알겠어요. 우리 아빠가 잠도 잘 못 주무시고, 머리카락도 빠지고 하는 이유를요. 맨날 책만 보고 밥보다 치킨이나 피자를 더 좋아하고 그러니까 정이 안 만들어져서 그런 거였어요."
"오~ 우리 깨봉이가 아주 이해를 잘했구나."
"오늘부터 아빠를 잘 지켜 드릴래요. 저도 치킨 좀 덜 먹고요."
"뭐? 안 먹는 게 아니라?"

놀란 표정으로 택견 샘이 되묻자, 깨봉이가 뭐가 문제냐는 표정으로 태연스럽게 말했다.

"당연히 덜 먹어야죠. 안 먹을 수야 있나요. 가~끔 아주 가~끔은 먹을 수 있죠!"

깨봉이의 너스레에 모두 웃음을 터뜨렸다. 깨봉이는 넙죽 인사를 하고 콧노래를 부르며 감이당을 나섰다.

〈술술 동의보감〉

"향기가 진한 음식은 정을 생기게 할 수 없고 담담한 음식만이 정을 보할 수 있다. 이 세상의 음식 중에 오직 오곡만이 담담한 맛을 가졌기 때문에 정을 보양할 수 있다. 죽이나 밥을 끓이면 진한 즙이 가운데로 흘러 모이는데, 이는 쌀의 정액이 모이는 것이다. 이것이 정을 가장 잘 생겨나게 한다."

6장

등을 펴지 않으면 어떻게 될까?

"깨봉아, 뭘 그리 유심히 보고 있니?"

복희씨의 말에 감이당 앞에 서 있던 깨봉이가 화들짝 놀라면서 인사를 했다.

"앗, 안녕하세요! 사람들마다 등 모양이 다른 게 신기해서 보고 있었어요. 등 모양에 따라 느낌이 다 달라요."
"느낌이? 어떻게 다른데?"
"등이 짝 펴진 사람은 활기차 보여요. 굽은 사람은 기운이 없고 나이가 많아 보이고요."

"음…, 그런데 왜 오늘따라 등 모양이 깨봉이 눈에 띄었을까?"

"아, 할머니가 며칠째 저희 집에 계시는데, 저희 할머니는 등이 안 굽었거든요. 그런데 아침에 여기 올라오다가 등이 굽은 할머니를 봤는데, 우리 할머니랑 느낌이 많이 달랐어요."

복희씨 옆에서 두 사람의 대화를 들으며 줄곧 무언가를 생각하던 꼬미가 조심스레 의견을 내놓았다.

"그런데 깨봉아, 혹시 네가 할머니를 좋아하니까 할머니처럼 등이 펴진 사람은 기운이 있어 보이고 젊어 보이는 거 아닐까?"

뜻밖의 질문에 깨봉이가 머뭇거리자, 꼬미는 복희씨에게 동의를 구했다.

"복희씨, 그럴 수도 있잖아요. 자기가 좋아하는 사람과 관련 있는 건 다 좋아 보이고 안 그런 건 안 좋아 보이고. 깨봉이는 자기 할머니를 엄청 좋아하거든요."

꼬미의 말에 깨봉이도 긴가민가한 표정으로 복희씨를 쳐다봤다. 복희씨가 조금 놀랍다는 표정으로 말했다.

"내가 그동안 너희들을 너무 어리게 본 것 같다. 깨봉이가 오늘 아침에 등을 관찰한 내용도 훌륭하고, 꼬미가 그것이 깨봉이가 할머니를 좋아하기 때문에 그렇게 보이는 게 아닌가 하고 생각해 보는 태도도 훌륭해. 그리고 이렇게 이야기를 해서 우리 모두가 생각해 볼 기회를 만들어 주어서 고맙고. 그런 의문이 생겨도 혹시 친구가 기분 나빠할까 봐 말을 안 하는 경우도 많거든."

꼬미도 깨봉이도 칭찬을 들으니 좀 쑥스럽긴 했지만 기분이 좋았다. 감이당으로 들어가며 복희씨가 이어 말했다.

"그런데 오늘은 깨봉이가 할머니를 좋아해서 그렇게 본 건 아닌 것 같아. 그럼, 왜 등을 펴면 기운도 있어 보이고 젊어 보이는지 알아보자. 사람은 직립 보행을 하는 동물이야. 그래서 위로는 척추가 곧게 펴져서 머리의 무게를 감당할 수 있어야 하고, 아래로는 다리와 똑바로 이어져야 꼿꼿하게 바로 서서 두 발로 걸을 수가 있단다."

소파에 앉은 복희씨는 택견 샘이 온 것도 모르고 등 이야기에 열중했다.

"『동의보감』 맨 앞에 보면 「신형장부도」라는 그림이 있어. 예전에 오장육부에 대해 배웠을 때 본 적 있지? 이 그림은 척추와 연결된 뇌의 모습도 보여 주고 있어. 그림을 보면 등에 옥침관, 녹로관, 미려관이라는 세 개의 통로가 있단다."

"통로요? 여기 등에 길이 있다고요?"

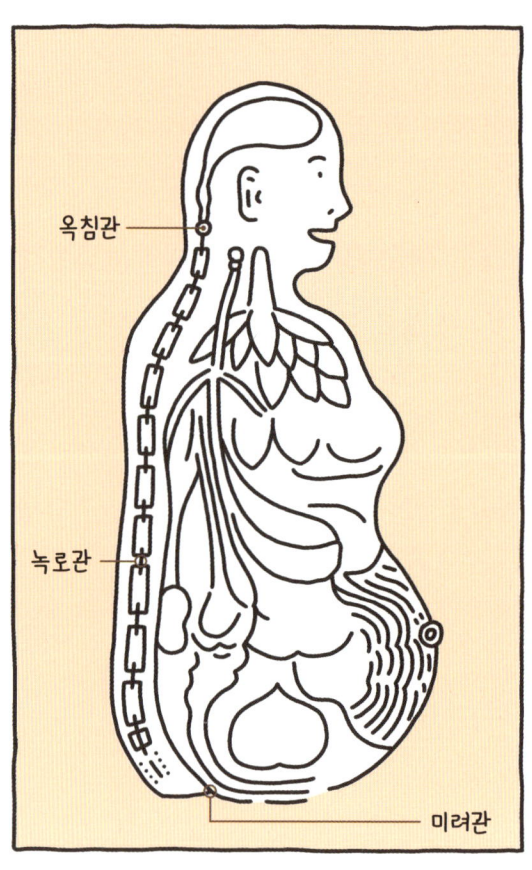

깨봉이가 놀라워하며 등을 만지는 사이에 질문 왕 꼬미가 다시 질문을 했다.

"그럼, 그 길로는 뭐가 왔다 갔다 하나요?"
"정기가 오르내린단다. 밥을 꼭꼭 씹어 먹으면 정이 생기고, 정이 가득 차면 몸속의 기가 정을 온몸에 골고루 나누어 준다고 했지? 이 정이 저장되는 곳이 신장이야. 신장에 정이 가득 차면 뼈의 구멍으로 스며들어서 피를 만드는 골수를 채우고, 척추와 뇌까지 채워 준단다. 척추와 뇌에 정이 충만해야 척수와 뇌수가 충분히 만들어져. 그래야 몸을 잘 움직일 수 있고 정신 활동도 활발해지지. 이렇게 정이 뇌에까지 잘 오르내리도록 하는 길이 등뼈에 있는 거야. 신장의 정은 꼬리뼈에 있는 미려관에서 시작해서 허리뼈에 있는 녹로관을 거쳐서 뒤통수에 있는 옥침관을 통해 뇌로 들어간단다. 그런데 등을 계속 구부리고 있으면 척추는 물론이고 뇌에도 정이 제대로 전달이 안 되겠지?"

택견 샘이 등을 쭉 펴면서 한마디를 보탰다.

"등을 쭉 펴는 게 정말 중요하군요. 자세를 바르게 해야 몸이 건강해진다는 건 알고 있었어요. 그런데 거기에 이런 이유가 있는 줄은 몰랐어요. 알고 나면 저절로 등을 펴게 될 것 같아요."

"그렇지. 뭐든 누가 하라고 해서 하는 건 오래가기가 어려워. 자기 스스로 왜 그래야 하는지를 확실하게 알아야 실천력이 생기지. 그렇기 때문에 당연하다고 생각하는 것도 질문해 봐야 해. 왜 그런지를. 그럼 등을 펴야 하는 이유를 한 가지 더 이야기해 볼까?"

"네, 알려 주세요!"

"등이 구부러지고 어깨가 굽은 채로 오래 생활하면 심장과 폐도 힘들어질 수 있단다. 그러니 등은 항상 똑바로 펴 줘야 해. 우리 척추는 총 33개의 마디로 되어 있어. 경추(목뼈) 7개, 흉추(등뼈) 12개, 요추(허리뼈) 5개, 천추(엉치뼈) 5개, 미추(꼬리뼈) 4개. 이 마디들은 하나하나 다 소중하단다. 우리 몸을 지탱해 주는 기둥이거든."

오늘따라 깨봉이도 궁금한 게 많았다.

"그런데 등이 굽으면 왜 심장과 폐가 힘들어지나요?"

"아까 말한 등뼈 앞쪽에 심장과 폐가 있단다. 그러니까…."

"아! 등을 구부리면 심장과 폐가 압박을 받을 것 같아요."

"그래, 맞아. 앞에서 음기와 양기에 대해서 공부했지? 우리 몸에서 양기의 기본은 심폐 기능이야. 그런데 이 심장과 폐가 억압

되면 양기가 줄어들어. 양기는 활발하게 뻗어 나가는 힘인데 이게 줄어들면 활기가 없어진단다. 노인들이 등이 굽는 이유는 양기가 줄어들기 때문이지. 그런데 젊은 사람이라 해도 등을 계속 굽히고 있으면 심장과 폐가 압박을 받아서 양기가 줄어들기도 해. 요즘은 어린아이들이나 청년들 중에도 등이 굽은 경우가 많아. 길을 가면서도 스마트폰을 들여다보니 등을 펼 기회가 없지. 오죽하면 횡단보도 바닥에 신호등을 설치했겠니?"

깨봉이가 갑자기 어젯밤 뉴스에서 본 장면이 생각났다.

"사고가 났을 때 심폐소생술을 해서 사람을 살리기도 하던데, 심폐가 심장과 폐를 말하는 거예요?"

"맞아. 깨봉이는 뉴스를 자주 보는구나. 심장과 폐 기능의 중요성은 아무리 강조해도 지나치지 않아. 다른 장기들도 다 중요하지만 심장과 폐는 잠시라도 멈추면 생명이 위태로워져."

"이제 알겠어요. 등을 쭉 펴고 생활하는 사람들은 정기가 잘 오르내려서 온몸에 기운이 잘 전달돼요. 심장과 폐도 자기 역할을 잘해서 양기가 가득 차니까 힘이 있어 보여요. 그래서 더 젊어 보이고 자신감도 있어 보이는 건가 봐요."

"오! 꼬미가 정리를 잘해 주었네. 그래서 깨봉이 할머니가 활력

이 있어 보이는 거야. 그런 기운이 느껴지면 모든 사람들이 가까이하고 싶어한단다. 반대로 늘 움츠리고 있는 사람은 기운이 없어 보이니까 자신감도 없어 보이고 나이도 들어 보이게 돼. 등을 곧게 펴기만 해도 좋을 텐데, 사람들은 이걸 모르고 자꾸 영양제나 건강식품, 운동 기구에 의존하려고 해. 안타까운 일이지."

그때 택견 샘이 느닷없이 깨봉이와 꼬미를 불렀다.

"우리 깨봉이와 꼬미! 택견을 할 때도 등을 쭉 펴고 자세를 바르게 한다. 알겠지?"

"네! 알겠습니다. 사범님!"

〈술술 동의보감〉

"등에 있는 삼관(三關)이란 무엇인가? 뒷머리를 옥침관(玉枕關), 척추 양 옆을 녹로관(轆轤關), 몸의 수 기운과 화 기운이 맞닿는 곳을 미려관(尾閭關)이라 한다. 삼관은 모두 정기가 오르내리는 길이다."

"등은 심장과 폐가 거처하는 곳이다. 그러므로 등이 구부러지고 어깨가 굽으면, 심장과 폐의 기운이 상하게 된다."

7장
침이 약이 된다고?

깨봉이가 잔뜩 찌푸린 얼굴로 감이당에 들어섰다. 깨봉이의 얼굴을 보자 발동한 택견 샘의 장난기!

"깨봉이 너 똥 밟았구나!"

택견 샘의 장난에도 깨봉이는 여전히 화가 나 있었다.

"똥이 아니라 어떤 아저씨가 침을 뱉었어요. 할머니가 사 주신 새 운동화에요."

"엉? 똥이 아니라 침이라고?"

"어휴~ 정말이네! 사범님, 여길 보세요."

꼬미는 얼른 휴지를 가지고 왔다. 깨봉이가 운동화의 침을 닦아 내더니 복희씨에게 하소연을 했다.

"복희씨, 아저씨들은 왜 맨날 '카악, 퉤!' 이러고 길거리에서 침을 뱉는지 모르겠어요. 집에서 뱉든지 하지. 길에 다니면서 더럽게…. 그 침이 또 하필 제 운동화에 떨어질 게 뭐예요!"
"그러게. 그게 하필 우리 깨봉이 새 운동화에 떨어질 게 뭐람. 그나저나 그 아저씨는 침이 얼마나 귀한 줄 모르는 사람이구나."

그러자 깨봉이가 눈을 크게 뜨고 물었다.

"침이 귀하다고요?"
"아, 맞다! 깨봉아, 생각 안 나? 침, 땀, 눈물 이런 게 다 피만큼 중요하다고 하셨던 거."
"아, 그때 그 분리배출 안 하는 아저씨 만났던 날?"
"그래, 맞아."

그날 일이 생각나는지 깨봉이와 꼬미의 표정이 일그러

졌다. 그때 깨봉이 머릿속에 어떤 친구 얼굴이 떠올랐다.

"복희씨! 침이 얼마나 귀한지 자세히 알고 싶어요. 제 친구 중에 침을 뱉는 친구가 있거든요. 그 친구에게 알려 주려고요."
"그러자꾸나. 너희 진액이 뭐였는지 기억하니?"
"아, 진액! 알죠, 알죠. 우리 아빠가 아침마다 드시는걸요."

깨봉이의 자신 있는 대답에 택견 샘과 복희씨가 무슨 뚱딴지같은 소리인가 하는 표정을 짓더니 이내 웃음을 터뜨렸다. 한참을 웃은 뒤 택견 샘이 나섰다.

"피, 땀, 침, 눈물 등 우리 몸속에 있는 모든 물을 진액이라고 한다는 걸 벌써 잊은 거야?"

깨봉이와 꼬미는 그제서야 뭔가 떠오르는 듯했다. 복희씨는 두 꼬마들을 좀 놀려 주고도 싶었지만, 깨봉이에게 하나라도 더 알려 주고 싶은 마음이 앞서 버렸다.

"하하! 천천히 복습해 보자. 전에 말했던 대로 담백한 음식, 즉 오곡에서 정이 만들어지고, 정은 진액을 만들고, 진액은 온몸 구석구석까지 촉촉하게 적셔 주면서 생명 활동을 돕는단다."

아빠가 드시는 '진액'과 『동의보감』의 '진액'을 헷갈리다니! 복희씨가 말을 마치자 깨봉이가 쑥스러운 얼굴로 고개를 끄덕였다.

"그럼, 입안에 침이 없으면 어떻게 될까?"
"어…? 생각해 본 적이 없어요."
"그래, 그럴 거야. 우린 노력하지 않아도 저절로 얻을 수 있는 것에 대해서는 생각을 하지 않게 돼. 늘 있으니까 그 소중함을 모른단다. 입안에 침이 없다면 이렇게 말을 할 수도 없고 음식을 먹을 수도 없고 아마 숨을 쉬기도 힘들걸. 이게 다 침이 입안을 촉촉하게 유지해 줘서 가능한 일이란다. 잘 느껴 봐. 침이 입안을 적셔 주고 있지? 지금도 침샘에서는 쉬지 않고 침이 나오고 있단다."

모두 침을 삼키느라 목구멍에서 꼴깍꼴깍 소리가 났다.

"저희 외할머니는 모기 물린 데 침을 바르라고 하시더라고요. 근데 정말 좀 시원해지면서 가려움도 덜해지는 것 같던걸요."

깨봉이가 택견 샘의 말에 맞장구를 쳤다.

"우리 할머니랑 똑같네요. 걸핏하면 침 바르라고 하시거든요."

꼬미가 신기한 듯이 듣고 있다가 복희씨에게 물었다.

"침이 약이에요?"
"약이 귀했던 옛날에는 침을 약으로도 썼어. 『동의보감』에 보면 벌레 물린 데에 침을 바르라는 말도 있고, 약 재료를 침에 섞어서 상처에 바르라는 처방도 있어. 지금은 좋은 연고들이 많으니 굳이 침을 바를 필요는 없겠지만."

꼬미는 아직 궁금한 게 많았다.

"침이 왜 약으로 쓰였을까요?"
"침 속에는 항균 물질이 섞여 있어. 입으로는 음식물과 공기 중에 떠도는 온갖 물질들이 쉽게 들어올 수가 있지? 그중에는 우리 몸에 해를 끼치는 세균이나 바이러스 같은 것들도 섞여 있어. 그런 것들을 잘 막아 주어야 하는데, 침 속의 항균 물질들이 그 역할을 한단다. 옛날에는 이 점을 이용해 약으로 사용한 거지."

그러자 택견 샘이 무릎을 '탁' 하고 쳤다.

"아, 그래서인가! 입안에는 상처가 나도 저절로 나아요. 그저께 점심에 카레 먹다가 입안을 깨물어서 피까지 났는데 벌써 거의 다 아물었단 말이죠."

깨봉이는 침에 대해 점점 호기심이 생겼다.

"침은 그냥 물인 것 같은데 그 안에 약이 들어 있다니 신기하고 재밌어요. 더 이야기해 주세요."
"중국의 유명한 의사는 며칠 굶어서 배가 고플 때는 입을 다물고 혀로 아랫니와 잇몸, 윗니와 잇몸까지를 핥으면서 하루에 360번 침을 삼키라고 했단다. 처음에는 좀 힘들겠지만 계속해서 하루에 천 번까지 하면 배고픔이 사라지고 몸도 가벼워진다는 거야."

깨봉이가 눈을 반짝이며 말했다.

"우와! 그렇다면 건물이 무너졌을 때, 그 밑에서 못 나오는 사람들도 이 방법을 알면 살 수 있겠어요."
"오~ 깨봉이! 상상력이 대단한걸? 알고 보니 침이 정말 대단하네요. 침 덕분에 말도 하고 먹기도 하고 숨도 쉬는 거라니. 게다가 해로운 물질이 몸속으로 들어가는 걸 막는 파수꾼도 되어 주고, 응급 상황에 생명을 살리는 역할도 해 준다니!"

"그렇지만 앞에서 말했듯 입안에는 해로운 균들도 있기 때문에 상처에 침을 바르는 건 조심해야 해. 이제 한 가지만 더 얘기하고 마무리를 해 볼까?"

침 예찬으로 신바람이 났던 택견 샘과 깨봉이가 다시 복희씨 이야기에 집중했다.

"『동의보감』에서는 침을 옥천(玉泉)이라고 해. '옥 같은 샘물'이라는 뜻이지. 이렇게 귀한 침을 '잘' 삼키는 건 참 중요해."

그때 택견 샘이 물었다.

"침을 잘 삼키려면 침이 많아야 할 것 같아요. 침을 많이 만들려면 어떻게 해야 하는지도 알려 주세요."
"사범님도 그게 궁금하세요? 저도 궁금해요."
"저도요!"
"그럼 다 같이 생각해 보자. 어떨 때 침이 많이 만들어질까?"

"맛있는 걸 보면 침이 막 나와요."

"역시, 먹성이 좋은 깨봉이답네. 그렇지. 침은 가만히 있을 때보다 자극을 받으면 훨씬 많이 나와. 그러니까 음식을 먹을 때 침이 나오는데, 그때 여러 번 씹을수록 침이 더 많이 나오겠지. 또 저번에 아침에 일어나 아래윗니를 살짝살짝 부딪쳐 주면 이가 튼튼해진다고 했었지? 그다음 혀로 이와 잇몸을 두루 훑어 주면 침이 나온단다. 그걸 천천히 삼키기만 해도 몸에 윤기가 난다고 했어."

복희씨의 이야기를 다 듣고 나더니 깨봉이가 말했다.

"침은 정말 소중하네요! 이제 침 뱉는 친구에게 알려 줄 수 있을 것 같아요. 침은 우리 몸에서 생기는 귀한 샘물이다. 침은 약이 되기도 하며 우리의 생명 활동을 돕는다. 침을 많이 만들어서 삼키면 몸에 윤이 나고 건강해진다. 그러니 침은 뱉지 말고,"

깨봉이가 말을 멈추고 복희씨, 택견 샘, 꼬미를 쳐다보자 다 같이 한목소리로 외쳤다.

"삼켜야 한다!"

〈술술 동의보감〉

"어떤 사람이 침을 자주 뱉은 탓에 진액이 마르고 몸도 덩달아 시들게 되었다. 수련하는 사람을 만나 진액(침)을 돌리는 방법을 배우게 되었는데, 오랫동안 실천하자 몸이 다시 윤택해졌다."

침은 우리 몸에 생기는 귀한 샘물!
뱉지 말고 삼켜야 한다!

8장

왜 팔다리를 움직여야 할까?

점심을 먹고 식당에서 나오던 복희씨가 깨봉이와 꼬미를 보고 인사를 했다.

"올라~ 오늘은 택견 시간에 뭐 배웠니?"
"올라! 오늘은 사범님께 기본 동작인 품밟기를 다시 배웠어요. '굼실·능청·으쓱·우쭐' 이 네 가지 움직임이 잘 드러나게요."

깨봉이와 꼬미가 춤을 추듯 몸동작을 해 보였다. 깨봉이가 양팔을 한쪽으로 가지런하게 보내더니 한 발로 중심을 잡고 다리를 내밀었다 끌어당기기를 반복하며 말했다.

"이크, 에크! 이 동작은 '굼실'거리는 것 같지 않으세요?"

꼬미도 다리를 굽혀 몸을 낮췄다 일으켜 세우더니 뿌듯한 얼굴로 설명했다.

"이크, 에크! 이건 '으쓱'거리는 것 같죠? 택견은 이름도 재밌는 것 같아요."
"오! 어디 나도 한번 따라해 볼까? 이크, 에크! 예전에 택견을 잠깐 배운 적이 있는데, 나머지 두 가지 움직임은 뭐라고 했지?"
"'능청'이랑 '우쭐'이요!"

"아, 그렇지! 근데, 요즘 너희들의 택견 자세가 흐트러진 모양이구나."

"어떻게 아셨어요? 막기, 발차기를 하는 데 집중하다 보니 힘만 들어가서 동작이 뻣뻣해졌나 봐요."

"기본기는 초급자에게만 필요한 게 아니란다. 고수가 되어도 늘 탄탄하게 닦으면서 가야 해. 어디 택견만 그렇겠니? 건강을 돌보는 것도 기본을 탄탄하게 해야 하지."

꼬미가 건강의 기본기가 뭘까 질문을 하려는데 엘리베이터 문이 열렸다. 아기를 안은 선생님이 내렸다. 깨봉이와 꼬미의 관심이 곧바로 아기에게로 쏠렸다. 아기는 낯선 얼굴들 때문인지 어리둥절한 표정을 짓고 있었다. 엄마가 우유를 주자 연신 두리번거리면서도 배가 고픈지 꼴깍꼴깍 맛나게 먹었다. 엄마가 등을 두드린 뒤 소파에 눕히자 아기는 기분이 좋은지 팔다리를 흔들면서 뭐라고 옹알거렸다. 깨봉이가 아기 엄마인 선생님한테 물었다.

"아기가 왜 저렇게 팔다리를 흔들어요? 힘들 것 같아요."

"아기들은 이러면서 놀아. 너도 아기 때는 이랬어."

아기는 팔다리를 흔들다가 발을 입으로 가져가려고 애를 쓰기도 하고, 잘 안 되자 다시 팔다리를 막 흔들었다. 그때 꼬미가 그 이유를 알았다는 듯 깨봉이에게 말했다.

"아기들은 못 걸으니까 심심하잖아. 그래서 팔다리를 흔들면서 노는 거 아닐까?"

꼬미의 말에 깨봉이도 맞장구를 쳤다.

"아, 장난감이 없으니까 자기 몸을 가지고 노는 거구나! 선생님, 아기가 심심한가 봐요. 장난감을 주면 어떨까요?"

아기 엄마가 딸랑이를 쥐여 주자 아기는 그걸 살피느라 잠시 멈추는가 싶더니, 딸랑이를 잡은 팔과 함께 또 다시 팔다리를 흔들었다.

"딸랑이를 줘도 팔다리를 들고 흔드네. 하하."

꼬미가 재미있어하며 큰 소리로 웃었다. 그때 화장실에 갔던 택견 샘이 곁으로 오더니 아기를 보고 반가워했다.

"아기한테 무슨 이야기를 그렇게 재미있게 하고 있니?"

깨봉이가 아기에게서 눈을 떼지 못하며 대답했다.

"사범님, 아기가 팔다리를 막 흔들어요. 힘들지도 않나 봐요. 장난감을 줘도 계속 흔들어요. 우린 아침에 일어날 때 흔드는데."

그때 아기가 졸리는지 눈을 감았다가 말소리가 나면 다시 떴다가를 반복했다. 그러자 선생님이 아기를 재우려고 빈 강의실로 들어갔다. 깨봉이가 작은 목소리로 말했다.

"복희씨, 우리는 어서 산책 가요."

깨봉이는 감이당 밖으로 나오자마자 복희씨에게 질문을 했다.

"아기는 왜 그렇게 팔다리를 흔드는 거예요?"
"걷지 못하니까 팔다리를 흔들면서 운동을 하는 거야. 그래야 먹은 게 소화가 된단다. 아기들은 아직 소화 기관이 완성되지 않아서 팔다리가 소화 작용을 도와주는 거지. 엄마의 자궁 안에서는 엄마와 탯줄로 연결되어 있어서 영양분을 공급받는 건 물론이고 자기 스스로 숨을 쉴 필요조차 없지. 그러다가 밖으로 나오는 순간 탯줄이 끊어지고, 그때부턴 자기 힘으로 살아가야 해. 숨도 스스로 쉬어야 하고, 먹는 것도 자기 입으로 먹고 소화도 시켜야 하지."

"아기도 자기 생명을 지키려고 애를 쓰고 있는 거네요. 맨날 누워서 노는 줄 알았는데…."

"오~ 깨봉이가 철학자 같은 생각을 했네. 그렇단다. 이 세상의 모든 생명은 다 자신을 지키려고 힘쓰고 있지. 지금 우리 몸속에서도 오장육부가 서로 돕기도 하고 서로에게 참견도 하면서 쉬지 않고 부지런히 생명 활동을 하고 있어. 그게 모든 생명이 가진 본능이지. 그러니까 누가 시키지도 않고 배우지도 않았는데 저렇게 몸을 움직이고 있잖아. 저러다가 좀 지나면 뒤집고, 기어다니고, 뭐라도 붙잡고 일어서려고 하고, 자꾸 넘어져도 또 일어서서 걷잖아. 이것만 봐도 알 수 있지? 생명은 기본적으로 운동을 한다는 것! 운동하지 않는 몸은?"

복희씨가 말을 멈추자, 깨봉이와 꼬미는 고개를 갸웃갸웃하며 골똘히 생각에 잠겼다. '이건 택견 사범인 내가 답을 해야 체면이 설 텐데' 하는 생각이 든 택견 샘도 열심히 머리를 굴렸다. 복희씨가 미소를 지으며 말을 이었다.

"기본기가 없는 몸이지. 그런데 요즘은 몸을 덜 움직이면서 사는 걸 잘 사는 거라고 생각하는 것 같아. 집에서도 학교에서도 아이들한테 청소도 안 시키던데…."

복희씨가 청소 이야기를 꺼내자 깨봉이가 볼멘소리를 했다.

"전 제 방은 제가 청소해요. 그런데 너무 힘들어요. 우리 집에는 청소기가 없거든요."
"정말? 청소기 없이 어떻게 청소를 해?"
"사범님도 그렇게 생각하시죠? 그런데 우리 엄마랑 아빠는 청소기 돌아가는 소리가 시끄럽대요. 그래서 빗자루로 쓸고 밀대에 물걸레를 끼워서 닦아요. 진서네는 로봇 청소기가 알아서 깨끗하게 해 주던데."

복희씨가 불평하는 깨봉이의 머리를 쓰다듬었다.

"그건 불평할 일이 아니야. 『동의보감』에서는 몸이 너무 편안하면 기가 막힌다고 해. 기가 막히면 피가 온몸 구석구석까지 갈 수가 없고 그러면 몸 여기저기서 문제가 발생하지. 그러니까 팔다리를 움직이는 건 기의 순환에도 좋은 거야."

꼬미는 청소 이야기가 끝나기만을 기다렸다. 정말 궁금한 게 있었던 것이다.

"그런데 팔다리를 움직이는 것과 소화는 무슨 관계가 있나요?"
"팔다리는 오장의 하나인 '비장'과 아주 가까운 사이란다. 지난번에 배웠지? 비는 위가 받아 놓은 음식물을 본격적으로 소화시키는 중요한 장기라고. 비장이 흙 운동을 잘하면 뭐든 잘 섞어서 소화를 시켜. 그러면 거기서 에너지가 풍부하게 만들어지지. 이 기운과 혈이 몸 끝까지 잘 전달돼서 팔다리가 튼튼해지는 거야. 그런데 만약 소화가 잘 안 되면 팔다리까지 에너지가 가지 못해 힘을 쓸 수 없게 되겠지? 그럴 때 힘이 좀 들어도 팔다리를 부지런히 움직여 주면 그 부위의 기운이 순환이 된단다. 그러면 거꾸로 그 기운이 팔다리와 연결되어 있는 비장에까지 전달이 되고 비장이 튼튼해질 수 있지."
"아하! 서로 영향을 주는 거네요."
"그래 맞아. 그런데 요즘은 기계가 대신 일을 해 주니 생활 중에는 팔다리를 쓸 일이 많지 않아."
"북극에는 기계 같은 건 없어요. 그래서 전 팔다리가 이렇게 튼튼한 거라고요."

꼬미가 팔다리를 흔들어 보이자 깨봉이도 질세라 두 다리와 팔뚝에 힘을 주었다.

"택견을 꾸준히 했더니 나도 근육이 많이 생겼다고. 이제는 지하철역에서 감이당까지 올라오는 것쯤은 아무것도 아니야."

택견 샘이 이 기회를 놓칠 리가 없었다.

"그런 점에서 택견은 정말 좋은 운동이죠! 팔다리를 골고루 움직여 주니까요. 그리고 동작이 아주 부드러우면서도 힘이 있어요. 그래서 아이들이나 나이가 드신 분들까지도 무리 없이 익힐 수 있다는 장점이 있죠. 단, 기본기를 잘 익혀야 그 위에 다양한 기술들을 구사할 수 있어서 오늘도 품밟기를 다시 익혔어요."
"맞아요! 이크, 에크!"

다시 택견 동작을 선보이는 아이들을 바라보던 복희씨의 머릿속에 문득 아까 하다 만 이야기가 생각났다.

"참! 아까 몸을 건강하게 하려면 기본기를 잘 닦아야 한다고 했지? 그 기본기가 바로 팔다리를 움직이는 거야. 몸은 안 움직이면서 건강에 좋다는 것만 찾아다니는 건 모래 위에 성을 쌓는 것과 같단다. 깨봉이가 오르막을 거뜬히 올라올 수 있게 된 건 택견 효과도 있겠지만, 매주 지하철역에서 감이당까지의 오르막을 오르고 함께 남산 산책을 한 효과도 클 거야. 팔다리를 많이 쓴 거지. 그리고 한 가지 더 말해 주고 싶은 게 있어. 이건 정말 중요한 건데…."

"그게 뭐예요? 얼른 말씀해 주세요."

"자기 힘으로 몸을 돌볼 수 있게 되면 몸뿐만 아니라 마음도 아주 튼튼해진단다. 스스로 할 수 있다는 경험이 자신감을 길러 주거든. 그러면 다른 사람의 건강에도 관심이 생기고 돌봐 주고 싶어져. 그렇게 차츰 마음을 쓰는 범위가 넓어지면 마음에 여유가 생기고 편안해지지. 마음이 편해지면 비장 활동이 왕성해져서 소화도 잘 될 것이고. 그러니 청소기 없다고 불평할 일이 아니지?"

"불평이라니요! 청소기 안 사니 돈도 절약하고, 비장과 마음도 튼튼해지고 일석이조라 할 수 있죠. 하하."

"사범님, 일석이조가 뭐예요?"

천자문 배운 덕을 톡톡히 보고 있는 택견 샘이 꼬미를

보면서 목소리를 가다듬었다.

"한 일(一), 돌 석(石), 두 이(二), 새 조(鳥). 돌멩이 하나로 새 두 마리를 동시에 잡는다는 뜻인데, 한 가지 일로 두 가지 효과를 얻을 때 쓰는 말이지."
"아니, 세 마리예요. 청소기를 안 쓰면 공장에서 전기를 덜 쓰니까 이산화탄소를 덜 내보내게 되고, 그러면 지구가 덜 더워지죠. 지구가 덜 더워지면 전 엄마 아빠를 만날 수 있으니까요."
"꼬미의 말을 듣고 보니 깨봉이가 정말 훌륭한 일을 하고 있네."

복희씨까지 거들고 나서자 깨봉이는 겸연쩍은 얼굴로 웅얼거렸다. 그러자 꼬미가 다가가서 물었다.

"뭐라고 한 거야? 안 들려."
"이 튼튼한 팔다리로 청소 하나 하는 걸 가지고 칭찬을 받으니 좀 부끄럽다고…."

그러자 택견 샘의 장난기가 발동했다.

"우와~ 우리 깨봉이 청소 하나로 갑자기 훌륭한 일을 하는 사

람이 되더니 겸손하기까지! 그런데 깨봉아, 설마 청소하느라 덥다고 에어컨 빵빵 틀어서 전기 낭비하는 건 아니겠지?"

택견 샘은 말을 마치자마자 냅다 달아났다. 깨봉이가 뒤따라가며 소리쳤다.

"사범님! 정말 이러기예요? 거기 서시라고요!"
"팔다리를 써야 된다고 했더니 바로 저렇게 실천을 하네. 하하. 꼬미야, 우리도 조금 빨리 걸어 볼까? 이렇게 팔도 흔들고."

꼬미와 복희씨도 팔을 힘차게 흔들면서 걸었다. 앞서 달려가던 두 사람은 어느새 사라지고 보이지 않았다.

〈술술 동의보감〉

"한가하게 노는 사람은 거의 기력을 쓰지 않고 배불리 먹고 나서 앉아 있거나 눕는다. 이렇게 하면 경락이 통하지 않고 혈맥이 막혀 사지가 노곤하다. […] 따라서 사람은 항상 피곤하지 않을 정도로 일을 해야 한다. […] 오래 누워 있으면 기가 상한다."

변비가 생기면 어떻게 할까?

 택견 배우러 갈 시간이 다 돼 가는데 깨봉이가 화장실에서 나오지를 않았다. 깨봉이 엄마가 화장실 문을 몇 번이나 쳐다봤다. 화장실에서 끙끙대는 소리가 나더니 잠시 후 변기 물 내리는 소리가 나고 깨봉이가 인상을 찌푸린 채 나왔다.

 "깨봉아, 화장실에서 왜 그렇게 오래 있니? 혹시 아빠처럼 변비 걸린 거 아니니?"

 엄마의 걱정 어린 말에 옆에서 맨손 체조를 하던 아빠

가 말했다.

"애들이 무슨 변비에 걸린다고 그래요."
"요즘은 변비로 고생하는 아이들도 많아요."
"저… 요즘 똥 눌 때 조금 힘들어요. 저도 진서처럼 되면 어떡하죠? 진서는 똥 눌 때 피도 나온대요. 어휴~!"

깨봉이가 고개를 절레절레 흔들자 아빠가 말했다.

"거 왜 감이당에 그… 누구셨더라? 그 선생님께 여쭤봐."
"아, 복희씨요? 이제는 아빠까지 복희씨를 찾으시네요!"

택견 수업이 끝난 후, 택견 샘은 오랜만에 여자친구를 만나러 가고 배가 고팠던 깨봉이와 꼬미는 3층 식당으로 뛰어 올라갔다. 오늘은 나물 반찬이 아주 여러 가지였다. 비빔밥을 좋아하는 복희씨는 벌써 호박무침, 취나물, 도라지, 고사리를 골고루 넣고 맛나게 비비는 중이었다. 어쩐 일인지 깨봉이와 꼬미는 반찬을 보고 머뭇거렸다. 앞치마를 두른 밥 당번 선생님이 곁에서 보다가 말했다.

"왜, 반찬이 마음에 안 드니?"

　깨봉이가 화들짝 놀라며 손사래를 쳤다.

"네? 아니에요! 꼬미야, 어서 먹자. 아유, 배고파!"

　식사를 마친 후, 깨봉이와 꼬미는 복희씨를 따라 2층 탁구장으로 내려갔다. 깨봉이가 복희씨에게 물었다.

"복희씨, 변비가 안 생기게 하려면 어떻게 해야 해요?"

유리문 너머로 선생님들이 탁구 치는 걸 보고 있던 복희씨가 돌아보며 물었다.

"갑자기 변비는 왜? 깨봉이 너 변비 있니?"
"그게…, 요즘 똥이 매일 안 나올 때가 있어서요. 그리고 똥 누는 게 좀 힘들 때도 있고요."
"며칠 그런다고 다 변비는 아니란다. 대변 상태는 먹는 음식에 따라 그때그때 달라지기도 하니까."
"그런데 제 친구 진서는 똥 눌 때 너무 아프대요. 피가 나올 때도 있고요."

복희씨가 그 말을 듣더니, 소파에 앉으며 말했다.

"저런! 요즘은 아이들한테도 변비가 많이 생긴다더니 정말 그런가 보구나."
"어떻게 해야 변비에 안 걸릴까요?"
"음… 우선 똥의 부피가 좀 커야 하고 물기도 촉촉하게 있어야 해. 양이 적어도 잘 안 나오고 물기가 없어도 나오기가 힘들어."

똥의 상태를 상상하고 있던 깨봉이에게 짜기 힘든 치약이 떠올랐다.

"아, 치약도 쪼끔 남아 있을 때 잘 안 나와요. 그리고 뚜껑을 잘 안 닫아도 말라서 잘 안 나오던데, 그거랑 같은 거죠?"

"오~ 그래. 치약을 생각하면 이해가 쉽게 되겠구나."

칭찬을 받은 깨봉이가 신이 나서 말했다.

"우리 아빠도 변비가 있는데, 엄마가 밥 먹을 때마다 야채랑 잡곡밥 드시라고 해요. 다큐에서 그런 걸 먹으면 똥이 잘 나온다고 했대요."

"엄마 말씀이 맞아. 그런 음식에는 섬유질이 많단다. 섬유질은 소화와 흡수가 잘 안 되기 때문에 찌꺼기로 남게 돼. 그러면 똥 부피가 커지겠지? 그래서 황금똥을 쑥쑥 누게 되는 거야."

"황금똥이요?"

꼬미와 깨봉이가 '황금똥'이라는 말을 몇 번이고 반복하며 깔깔거렸다. 복희씨는 웃음을 꾹 참고 똥 이야기를 이어 갔다.

"케이크나 치킨, 탄산음료, 과자 같은 데에는 섬유질이 거의 없단다. 그러니까 이런 음식만 주로 먹으면 대변의 부피가 작아서 변비가 생기기 쉬워. 그런데 참, 깨봉이는 아까 점심 먹을 때 보니 나물을 썩 좋아하지 않는 것 같던데…. 어떤 음식을 좋아하니?"

깨봉이가 얼른 나서서 해명을 했다.

"저는 케이크나 치킨도 좋아하지만, 샐러드도 잘 먹고 잡곡밥도 잘 먹어요. 그런데 말린 나물 반찬은 무슨 냄새가 좀 나는 것 같아서…. 제 친구 진서도 야채나 잡곡밥도 잘 먹어요. 급식 시간에 우리는 늘 식판을 싹 비우는걸요!"

복희씨가 두 팔로 크게 동그라미를 그리며 말했다.

"똥 부피를 크~게 하는 건 합격! 그런데 진액이 부족해도 변비가 생길 수 있어. 몸을 적당하게 움직이면 진액 생성에 도움이 된단다. 특히 걷기. 진서라는 친구는 어떠니?"

깨봉이는 자랑스럽게 대답했다.

"진서는 저보다 훨씬 몸을 많이 움직여요. 지난가을에는 아빠랑 제주도 걷기 대회에 나가서 상도 받았어요. 전부 어른밖에 없었는데, 배낭도 자기가 메고 하루에 28Km를 걸었대요. 진서가 사진도 보여 줬는데, 너무 힘들어서 그런지 다크서클이 길게 내려와 있더라고요. 그리고 삽질도 잘해서 할머니 텃밭 가꿀 때도 잘 도와 드려요."

입에 침이 마르도록 친구 자랑을 하는 깨봉이를 쳐다보며 복희씨가 연신 고개를 끄덕였다.

"진서라는 친구는 몸을 아주 많이 움직이는구나. 그런데 몸을 너무 힘들게 해도 변비가 생길 수 있어. 또 너무 배부르게 먹거나, 맵고 뜨거운 음식을 자주 먹어도 변비가 생길 수 있단다. 뭐든 지나치면 균형이 깨지게 돼. 그러면 문제가 생기지."

그 말에 깨봉이가 갑자기 넉살을 떨었다.

"맵고 뜨거운 음식을 먹으면 똥이 '앗! 뜨거워!' 하면서 후다닥 나올 것 같은데! 히히."
"맞아. '앗 뜨거워! 빨리 나가자!' 하면서 크크."
"똥 이야기만 나오면 그렇게 재미있니? 자, 얘들아! 다시 변비 탈출법을 생각해 보자. 몸을 지나치게 움직이고, 너무 배부르게 먹고, 맵고 뜨거운 음식을 자주 먹으면 왜 변비가 생길까? 이런 습관에 들어 있는 공통점이 뭘까?"

깨봉이가 한참 생각하더니 대답했다.

"음…, 몸을 너무 힘들게 하면 땀이 많이 나니까 진액이 빠져나가요. 그리고 너무 많이 움직이면 열이 많이 나게 돼요. 그러면 또 진액이 말라요."

"우리 깨봉이 설명도 척척 잘하네. 이러다 『동의보감』 박사가 되겠는걸!"

"히히. 그런데 배부르게 먹거나 맵고 뜨거운 걸 먹으면 왜 진액이 마르는지 모르겠어요. 배부르게 먹으면 오히려 진액이 많이 만들어질 것 같은데…."

꼬미가 자기의 불룩한 배를 만지며 깨봉이의 말을 이어받았다.

"저는 밥을 너무 많이 먹었을 때 배가 불러서 힘들었어요. 탈모 이야기할 때 복희씨께서 설명해 주신 것처럼, 그걸 다 소화시키려면 오장육부가 일을 많이 해야 하고 그러면 열이 날 것 같아요.

맵고 뜨거운 걸 먹을 때도 땀이 뻘뻘 났어요. 몸도 뜨거워지고요. 그러면 진액이 마를 것 같아요."

복희씨가 꼬미에게도 칭찬을 듬뿍 해 주었다. 그때 꼬미가 뭔가 생각난 듯 손을 번쩍 들더니 덧붙여 말했다.

"아, 스페인에 갔을 때 배가 아파서 힘들었는데 해잠 샘이 똥을 못 눠서 그런 거라고 했어요. 그때 비행기를 탈 생각을 하니까 설레기도 하고 걱정도 돼서 잠을 잘 못 잤거든요. 잠을 못 자거나 긴장을 해도 순환이 안 돼서 열이 나고 진액이 마르나 봐요!"

꼬미의 말을 듣고 있던 깨봉이가 손바닥을 '탁' 쳤다.

"역시, 열이 문제였어요. 그러고 보니 지구도 온도가 자꾸 올라가서 문제가 생겼는데, 우리 몸도 열을 많이 내면 변비가 생기네요. 그러니 지구도 몸도 열을 식혀 줘야겠어요."
"그래, 깨봉이 말이 맞아. 열을 식혀야 해. 그러려면 물이 필요하겠지? 물을 적당하게 마셔 줘야 변비가 생기지 않는단다."
"아, 물! 그때 비행기 안에서 오줌 안 누려고 물도 안 마셨어요. 우리 몸은 너무 신기해요. 걱정하고 물 안 마시면 바로 똥이 잘 안 나온다니!"

"꼬미가 중요한 걸 발견했구나. 우리 몸에서 일어나는 모든 현상은 내가 먹는 것, 생각하는 것, 행동하는 것과 깊은 관계가 있단다. 그러니까 몸에 문제가 생기면 약이나 병원에만 의지하지 말고 내 생활에서 어떤 습관이 이런 증상을 일으키는지도 함께 살펴보아야 해. 습관을 바꾸지 않으면 약을 먹고 잠시 괜찮아진 것이 말짱 도루묵이 된단다. 참, 깨봉이와 진서는 물 잘 마시니?"

"물이요? 아, 저랑 진서 둘 다 물을 잘 안 마셔요…. 학교 갈 때 물을 가지고는 가는데 늘 그대로 집에 가져올 때가 많아요. 그래서 엄마가 물 마시라는 말을 자주 하세요."

"앞으로는 물을 좀 마셔 봐. 다른 건 잘하고 있으니까. 그러면 황금똥을 누게 될 거야."

"네!!"

깨봉이가 소파에서 일어나 앞으로 나갔다.

"자, 그럼 변비 탈출법을 알려 드리겠습니다. 섬유질이 많은 야채와 잡곡을 먹어서 똥의 부피를 크~게 만든다. 인스턴트식품이나 튀긴 음식은 몸속에 열을 발생시켜 진액을 말리니까 아주 가~끔 먹는다. 운동을 적절히 한다. 그리고 물을 적당히 마신다. 이상

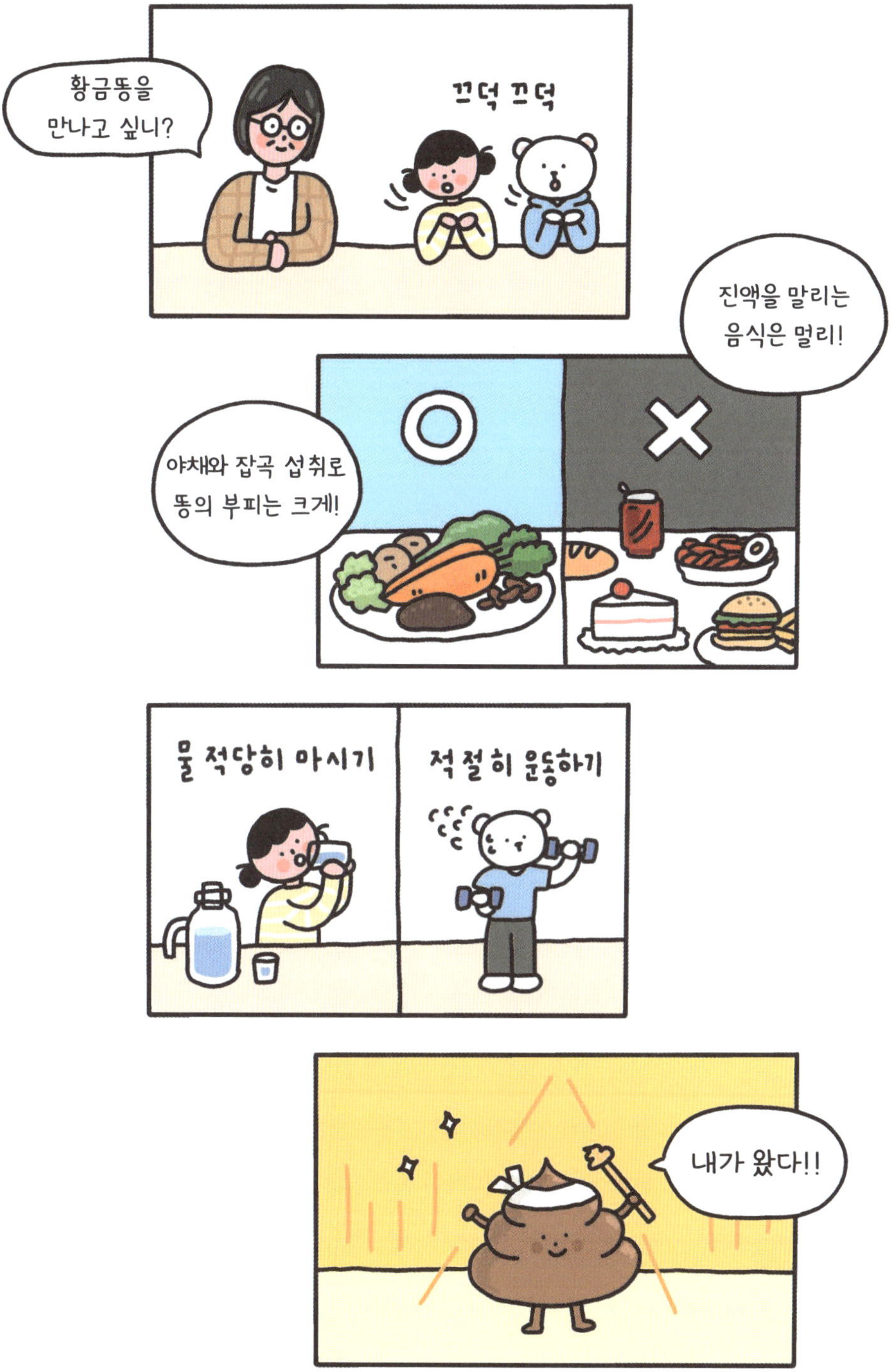

입니다!"

깨봉이가 발표를 마치자 꼬미가 일어나 깨봉이 곁에 가서 섰다. 그리고 힘차게 말했다.

"그리고 쓸데없는 걱정을 안 한다. 그럼 우리 모두 변비 탈출!"

복희씨도 맞장구를 치며 외쳤다.

"변비 탈출!"

〈술술 동의보감〉

"진액이 소화된 음식물을 켜쳐 주어야 대변이 잘 나온다. 만약 지나치게 굶주리거나 너무 배부르게 먹거나 힘든 일을 하거나 맵고 뜨거운 음식을 먹으면 뜨겁고 나쁜 기운이 피 속에 잠복하게(숨어들게) 된다. 이로 인해 몸속의 진액이 켜어지니 대변도 굳고 마르게 된다."

여름엔 왜
뜨거운 삼계탕을 먹을까?

"어휴, 더워!"

깨봉이 입에서 자기도 모르게 덥다는 말이 튀어나왔다. 추울 정도로 냉방을 한 지하철에 있다가 나오니 순식간에 땀이 흘렀다. 시원한 냉면 생각이 절로 났다. 깨봉이가 땀을 뻘뻘 흘리며 계단을 올라오자마자 꼬미가 달려왔다.

"깨봉아, 오늘 복희씨가 점심 사 주신대."

누가 먼저랄 것도 없이 둘은 동시에 '짝!' 하고 하이파

이브를 했다. 꼬미가 떠나올 무렵 여름엔 북극의 기온도 20도까지 올라간 적이 있었다. 그런데 30도가 훌쩍 넘는 여름이라니! 꼬미는 너무 더웠지만, 북극의 가족들을 생각해서 어지간하면 부채로 견디는 중이었다. 깨봉이와 택견 샘도 요즘에는 에어컨을 세게 틀 수가 없었다. 자신들이 여름을 시원하게 지내면 그만큼 꼬미네 가족들이 힘들어지고, 그러면 꼬미도 고통스러워한다는 것을 곁에서 보았기 때문이다.

택견을 마치고 나오자 복희씨가 부채질을 하며 기다리고 있었다. 깨봉이가 복희씨에게 물었다.

"어디로 가는 거예요?"
"더위를 물리칠 음식을 먹으러 갈 거야. 요즘 날씨가 너무 더워서 꼬미도 여름 나기가 힘들 것 같아서."

이런저런 이야기를 하다 보니 어느새 지하철역 근처 갈림길에 다다랐다. 여기서 오른쪽으로 조금만 가면 점심시간마다 사람들이 길게 줄을 서서 기다리는 유명한 냉면집이었다. 그런데 복희씨와 택견 샘, 꼬미는 계속 직진을 하

는 게 아닌가? 깨봉이가 갑자기 멈춰 서더니 소리쳤다.

"여러분~ 이쪽입니다, 이쪽! 모두들 정신을 차리세요."

셋이 동시에 깨봉이를 쳐다보며 '너 왜 그래?' 하는 표정을 지었다. 당황한 것은 깨봉이였다.

"어? 지금 어디 가는 거예요? 냉면 먹으러 가는 거 아니에요?"

그때서야 상황을 알아차린 복희씨가 메뉴를 알려 줬다.

"우리 삼계탕 먹으러 가는 길이야. 삼복더위에는 한 번씩 뜨거운 걸 먹는 게 좋단다."
"네? 가만있어도 땀이 뻘뻘 나는데 왜 뜨거운 삼계탕을…."
"깨봉이가 엄청 더운 모양이구나. 우선 들어가자. 가서 주문해 놓고 설명해 줄게."

음식점에 들어가 앉으니, 춥다는 말이 나올 정도로 차가운 에어컨 바람이 더위를 식혀 줬다. 삼계탕을 주문한 복희씨는 추운지 몸을 살짝 움츠리더니 솔을 꺼내 두르며 설명을 시작했다.

"우리 몸 안에도 자연의 기운이 있고, 자연이 운동하는 방법과 몸이 운동하는 방법이 같다는 건 이제 다들 알고 있지? 한 번 음이 되고 한 번 양이 되는 게 운동의 법칙이라는 것도."
"네! 당연하죠."
"그러니까, 겉이 양이 되면 속은 음이 되고, 겉이 음이 되면 속은 양이 되어야 우리 몸이 항상 같은 체온을 유지할 수 있단다."
"그러면 바깥이 뜨거운 여름에는 차가운 음식을 뱃속에 넣어 줘야 음양의 균형이 이루어지는 거 아니에요?"

깨봉이의 논리에 설득된 듯 꼬미와 택견 샘도 고개를 끄덕이며 복희씨를 쳐다봤다. 그때 마침 삼계탕이 나왔다. 금강산도 식후경! 이야기는 잠시 미뤄 두고 모두 땀을 뻘뻘 흘리면서 삼계탕을 맛나게 먹었다. 다 먹고 나자 복희씨가 깨봉이에게 물었다.

"어떠니?"

"어, 먹을 때는 땀이 나고 더웠는데, 먹고 나니 왠지 속이 편안하고 기분이 좋아요."

"그 이유가 궁금하지? 여름이 되어 바깥 온도가 올라가면 우리 뱃속의 온도는 평소보다 내려간단다. 음양의 균형을 맞추기 위해서지. 그런데 만약 거기에 차가운 음료수나 음식들을 계속 넣으면 뱃속은 더 차가워져. 뱃속이 차가워지면 소화가 잘 안 되고, 심하면 설사를 하기도 해. 거기다가 이렇게 여름에 냉방까지 심하게 하면 겉과 속이 다 차가워지면서 병이 나는 거야."

택견 샘이 배를 슬슬 만지면서 흡족한 표정을 지었다.

"그러니까 더운 여름에는 가끔 이렇게 따뜻한 음식을 먹어서 음양의 균형을 맞춰 주어야 하는 거군요."

깨봉이와 꼬미도 택견 샘을 따라 배를 슬슬 문질렀다. 복희씨가 웃으며 말했다.

"그렇지. 음양이 균형을 이루었을 때 몸이 가장 편안해진단다. 아까 깨봉이가 말한 것처럼 말이지. 그리고 한 가지 더 생각할 게 있어. 여름에 땀을 흘리는 것도 우리 몸이 스스로 체온을 조절하기 위해서야. 그런데 땀 흘리는 걸 아주 질색하는 사람들이 너무 많아. 조금만 더워도 에어컨부터 틀려고 하고. 하도 땀을 안 흘려서 아예 땀구멍이 막힌 애들도 많다고 해. 에어컨을 틀면 전기 요금이 많이 나오는 것만 걱정하는데 그보다 우리 몸에 좋지 않다는 걸 더 걱정해야 해."

그러자 깨봉이가 배를 문지르던 손을 멈추고 물었다.

"복희씨, 그럼 냉면은 겨울에만 먹는 거예요?"
"하하, 아직도 냉면 생각이구나! 꼭 그런 건 아니야. 여름에도 시원하게 한 번씩 먹을 수 있지. 중요한 것은 항상 음양의 균형을 유지하는 거야. 냉면집에 가면 따뜻한 육수를 주는 것도 그런 이유에서지. 이 이치를 알고 상황에 맞게 생활하면 되는 거야. 다음엔 냉면도 한번 먹으러 가자."

그때 택견 샘이 헛기침을 하면서 목소리를 가다듬었다. 그러더니 점잖게 말을 했다.

"흠흠, 복희씨가 힘드시니까 겨울에 냉면같이 찬 음식을 먹어야 하는 이유는 내가 설명해 줄게. 잘 들어 봐."

모두 웃음을 참느라 킥킥거렸다. 택견 샘은 아랑곳하지 않고 설명을 계속했다.

"여름이랑 반대로 생각하면 돼. 바깥 기온이 차가우니 균형을 맞추기 위해 뱃속은 따뜻해지지. 그런데 춥다고 지나치게 뜨거운 것만 찾으면 뱃속에 열이 쌓이겠지? 그러면 진액이 마르고 몸이 건조해져. 거기다가 요새는 난방까지 빵빵하게 하니 안팎으로 더 건조해지지. 그래서 겨울에는 때때로 찬 동치미나 냉면 등으로 균형을 맞춰 주는 거라고."
"오~ 택견 샘께 박수!"

힘차게 박수를 치던 깨봉이가 말했다.

"여름에 에어컨을 너무 세게 틀거나, 겨울에 반팔을 입어야 할

정도로 난방을 하면, 우리 몸이 헷갈릴 것 같아요."

"그래, 맞아. 실내와 실외의 기온 차이가 너무 크면, 몸이 어디에 맞춰서 음양의 균형을 이루어야 할지 혼란스럽겠지. 그래서 계절에 맞게 사는 게 중요하단다."

꼬미가 고개를 갸웃거리며 질문했다.

"그럼 에어컨도 안 틀고 난방도 크게 안 하는 봄과 가을에는 어떻게 하는 게 계절에 맞게 사는 거예요?"

"아, 봄이 오면 나무에 잎이 나고 꽃도 피며 자연이 활발하게 움직이지? 우리도 봄이 오면 부지런히 움직여 주어야 한단다. 그래야 기가 활발하게 돌면서 겨우내 몸속에 쌓인 찌꺼기들도 내보내고 몸을 새롭게 만들 수 있어. 그러다 보니 봄에는 졸음도 잘 오고 쉽게 피곤해지기도 해. 그래서 땅의 기운을 지닌 봄나물들을 먹는 거야. 냉이, 달래, 쑥 이런 봄나물들은 추운 겨울 동안 땅속에서 봄을 기다리고 있다가 땅을 뚫고 나온 것들이거든. 그런 봄나물을 먹으면 땅의 기운을 고스란히 먹게 돼."

'땅의 기운'을 먹을 수 있다니! 깨봉이는 그다음이 더 궁금해졌다.

"조금 있으면 가을인데 가을에는 어떻게 생활하면 되나요?"

"체온 조절을 잘 해야 해. 지금처럼 더운 여름에 열려 있던 땀구멍이 채 닫히기도 전에 서늘한 가을바람이 불면, 차가운 바람이 땀구멍으로 들어가기 쉽거든. 그리고 또 한 가지! 가을이 되면 나무에 단풍이 들고 낙엽이 떨어지지? 그건 곧 겨울이 올 걸 알고 나무가 줄기와 뿌리로 모든 진액을 보내기 때문에 잎에는 양분이 공급되지 않아서야. 그렇다면 우리도 가을에는 새로운 일을 시작하기보다 봄에 시작한 일을 천천히 마무리하도록 해야겠지? 추운 겨울에 대비해서 살도 좀 찌워야 하고."

그때 식당 텔레비전에서는 강남역이 물바다가 되었다는 뉴스가 나왔다. 지구온난화가 원인이라는 앵커의 말에 꼬미의 표정이 금세 어두워졌다.

"모든 사람들이 계절에 맞게 살면, 몸도 건강해지고, 지구를 위험에 빠뜨리지도 않고…. 그러면 북극도 녹지 않을 것 같아요. 모두가 그걸 알았으면 좋겠어요."

꼬미의 말에 모두 고개를 끄덕이며 식당 문을 막 나서는데 다시 앵커의 목소리가 들렸다. 기상 이변으로 너무 더워서 죽은 사람이 스페인과 포르투갈에만 2,000명이 넘었다고 했다. 깨봉이가 화들짝 놀라면서 소리쳤다.

"방금 스페인이라고 하지 않았어요?"
"맞아! 스페인이라고 했어. 우리 해잠 샘 어떡해요? 빨리 우리나라로 오시라고 해야겠어요."
"아, 참! 깜빡했어요. 누나가 다음 주에 서울에 온대요."
"사범님! 그걸 왜 지금 말해 주시는 거예요?"
"미안 미안!"

이미 택견 샘의 목소리는 들리지 않는 듯, 깨봉이와 꼬미는 팔짝팔짝 뛰었다. 야호, 해잠 샘이 온다!

〈술술 동의보감〉

"사계절 중 여름철이 조리하고 섭생하기 너무너무 힘이 드네. 몸속에 묵은 추위 설사하기 아주 쉽네. 차갑게 식은 음식 입에 대지 말아야지. […] 잠잘 때는 문을 닫고 마음을 고요하게. 얼음물과 찬 과실이 지나치면 해로우니, 가을 되면 학질, 이질 생기기 십상이지."

놀랐을 때 왜 심호흡을 해야 할까?

한국에 온 해잠 샘이 꼬미와 함께 감이당 앞에 나와 깨봉이를 기다리고 있었다. 그때 깨봉이가 헐레벌떡 뛰어왔다. 뛰어오는 모습이 뭔가 좀 이상했지만 해잠 샘은 반가운 마음에 달려오는 깨봉이를 껴안으며 인사를 했다.

"올라! 깨봉이 그동안 잘 있었니?"

해잠 샘에게 안긴 깨봉이가 대답을 안 하고 계속 숨을 몰아쉬었다. 해잠 샘이 놀라서 깨봉이의 안색을 살폈다.

"깨봉아, 무슨 일이니? 누가 쫓아온 거야?"

그때 감이당 밖으로 나온 택견 샘이 달려와 깨봉이의 등을 쓸어내리며 안심시켰다.

"자, 자, 괜찮아. 우리가 같이 있으니까 이제 괜찮아."

깨봉이는 뭔가 말을 하려고 했지만 말이 제대로 나오지 않았다. 택견 샘과 해잠 샘이 깨봉이를 2층 소파로 데리고 갔다. 택견 샘이 깨봉이 눈을 쳐다보며 천천히 말했다.

"자, 깨봉아, 나를 봐. 그리고 심호흡을 한번 해 보자. 택견 시간에 늘 하던 것처럼 응?"

깨봉이가 고개를 들고 택견 샘을 쳐다봤다. 해잠 샘과 꼬미가 걱정스러운 표정으로 지켜보았다.

"자, 등을 쭉~ 펴고."

깨봉이가 택견 샘을 따라 등을 천천히 폈다.

"그렇지. 이제 숨을 천천히 들이마시고~ 내쉬고~. 그래, 그렇게 하면 돼. 자, 몇 번만 더 해 보자. 크게 들이마시고, 내쉬고….".

심호흡을 마치자 깨봉이의 표정이 조금 편안해졌다. 그제서야 택견 샘과 해잠 샘, 그리고 꼬미의 표정도 편안해졌다. 꼬미가 무슨 일이었냐고 묻자, 깨봉이가 해잠 샘을 한번 쳐다보더니 입을 열었다.

"해잠 샘이 빨리 보고 싶어서 전철에서 내리자마자 막 뛰었어. 그런데 요 아래 편의점 골목에서 개 한 마리가 목줄을 끌며 달려오는 거야. 너무 깜짝 놀라서 있는 힘을 다해 뛰었지. 그때 앞에 해잠 샘이 보였어. 개는 어떻게 됐는지 모르겠어….".

해잠 샘이 깨봉이를 다시 꼭 껴안아 주었다.

"정말 놀랐겠구나. 그런데 깨봉이 뒤를 따라온 개는 없었어. 아마도 주인이 데리고 갔나 봐."

그때 물을 마시러 나오던 복희씨가 다가왔다.

"너희들 해잠 샘 곁에 껌딱지처럼 딱 붙어 있구나. 그런데 무슨 일이 있었어? 아까 좀 소란한 것 같던데."
"깨봉이가 개한테 물릴 뻔했어요."
"저런, 큰일 날 뻔했구나. 어쩌다 그랬니?"

꼬미가 설명을 하자 복희씨도 지난겨울 강원도에서 목줄을 하지 않은 개 때문에 혼쭐이 났던 이야기를 해 줬다. 그러는 동안 깨봉이는 완전히 안정을 찾은 것 같았다.

"사범님, 아까는 감사했습니다. 근데 왜 심호흡을 시키셨어요?"
"감사하긴 뭘~ 아까 심호흡을 시켰던 건 쿵쿵 뛰던 심장을 안정시켜 주려고 한 거야."
"오~ 택견 샘이 아주 침착하게 잘했네."

복희씨의 칭찬에 택견 샘은 좀 쑥스러웠지만 내심 기분이 좋았다. 복희씨도 흐뭇한 표정으로 이야기를 시작했다.

"나도 『동의보감』을 공부하기 전에는 숨 쉬는 것에 대해 그다지 생각해 보지 않았어. 호흡의 중요성도 잘 몰랐고. 그런데 생각해 보면 음식은 며칠 안 먹어도 살지만 숨은 잠시만 못 쉬어도 목숨을 잃게 되지 않니? 그만큼 호흡이 정말 중요하더라고."
"숨은 저절로 쉬어지는 거 아니에요?"
"항상 그런 건 아닌 것 같아. 아까는 숨을 쉬기가 정말 힘이 들었어. 이렇게 말이야."

꼬미의 질문에 깨봉이가 숨을 헥헥거리는 시늉을 하자 모두 배꼽을 잡고 웃었다. 한참을 웃은 뒤, 깨봉이가 사뭇 진지한 목소리로 말했다.

"복희씨, 숨쉬기에 대해 알려 주세요. 공기가 우리 몸으로 들어가서 어떻게 되는 거예요?"
"그건 나보다 해잠 샘이 잘 설명해 줄 수 있을 거야."

깨봉이와 꼬미가 해잠 샘을 바라보았다.

"가슴 속에는 아주 중요한 장기 두 개가 있어. 심장과 폐. 호흡은 그중 폐와 관련이 있지. 폐는 심장을 둘러싸고 있는데 아주 작은 공기 주머니로 가득 차 있어. 이걸 폐포(허파꽈리)라고 하는데, 무려 3~5억 개나 된다고 해."

꼬미가 놀랍다는 표정으로 물었다.

"5억 개요? 왜 그렇게 공기 주머니를 많이 가지고 있어요?"
"그래야 산소를 많이 받아들이고 이산화탄소를 많이 내보낼 수 있기 때문이야."
"산소와 이산화탄소요?"
"응. 음식물을 먹어서 만들어진 영양소를 우리가 사용할 수 있는 에너지로 만들 때 많은 산소가 필요하거든. 산소가 있어야 피와 함께 영양소가 몸 구석구석까지 가서 에너지로 바뀌게 되고, 그래야 팔다리를 움직일 수 있어. 아까 깨봉이가 숨이 찼던 이유는 팔다리에 갑자기 많은 힘이 필요한 상황이었기 때문이야. 심장은 많은 피를 팔다리 근육에 집중적으로 보내야 했고. 그러려면 산소를 많이 들이마셔야 했던 거지."

가만히 듣고 있던 꼬미가 물었다.

"이산화탄소는 어디서 나온 거예요?"
"산소가 피와 영양소랑 함께 전신을 돌면서 일을 하다 보면 탁한 가스들이 생겨나는데, 그게 바로 이산화탄소야. 아까 말한 대로 공기 중의 산소는 들숨을 통해 흡수하고 몸속에서 생긴 이산화탄소는 날숨을 통해 몸 바깥으로 내보내지."

"그럼 아까 사범님이 저한테 심호흡을 시킨 이유가 산소를 많이 들이마시고 이산화탄소를 내보내려고 하신 거예요?"

"그렇지. 그렇게 하고 나니 가슴이 편안해졌지?"

"네! 보통 때도 숨을 자주 쉬어야겠어요."

깨봉이가 다짐을 하자 해잠 샘이 얼른 덧붙여 말했다.

"그런데 빨리 많이 한다고 좋은 건 아니야. 얕은 호흡을 계속하면 몸 안으로 공기를 충분히 들여보내지 못해 산소가 부족해지게 되고, 몸 안에서 생긴 찌꺼기인 이산화탄소가 충분히 몸 밖으로 나가지 못해 몸 안에서 문제를 일으키게 되거든. 그러니 호흡은 천천히, 깊이 들이마시고 내쉬는 게 좋아."

설명을 마친 해잠 샘이 복희씨에게 물었다.

"『동의보감』에서는 숨쉬기에 대해 어떻게 말하나요?"

"숨을 깊고 고르게 잘 쉬면 오장육부에 골고루 기와 혈과 진액을 보낼 수 있다는 건 서양 의학과 같아. 다른 점은 『동의보감』에서는 산소를 '맑은 기'라 하고 이산화탄소를 '탁한 기'라고 한다는 거야. 그리고 깊은 호흡을 하면, 오줌도 잘 눌 수 있다고 본단다. 폐가 들이마신 맑은 기가 몸속 깊숙이 내려가려면 저 아래 있는 신장이 이걸 힘 있게 받아 주어야 하고, 또 이렇게 폐의 기가 내려갈 때 몸에서 쓰고 남은 수분도 함께 내려가기 때문이지. 따라서 『동의보감』에선 숨만 잘 쉬어도 병이 생기지 않는다고 해서, 기를 잘 순환시키기 위한 호흡 수련법들이 발달하기도 했어."

"그럼 맨날 천천히 깊이 신경 써서 숨을 쉬어야 해요? 그럼 숨 쉬는 것에 신경쓰느라 숙제도 못 할 것 같은데요!"

깨봉이가 투덜대자, 복희씨가 진정을 시켰다.

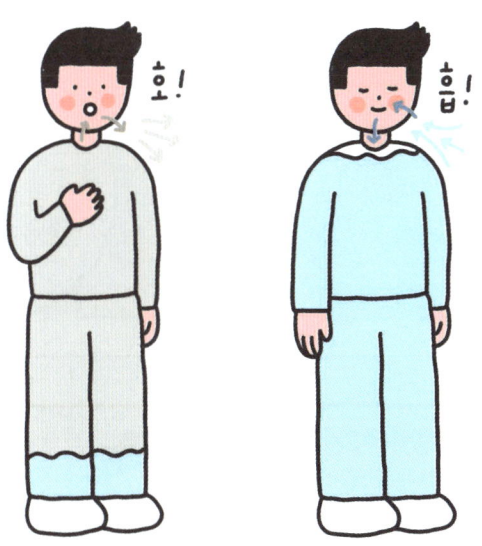

11장 • 놀랐을 때 왜 심호흡을 해야 할까?

"그래, 그럴 순 없지. 오늘처럼 놀랐을 때나 엄마께 꾸중을 들어 울적할 때, 슬프거나 화가 날 때 조용히 심호흡을 몇 번 하면 기분이 풀린다는 말이란다. 그런 감정들이 병이 되지 않도록 말야."
"아하, 네. 저는 또…."
"자~ 그럼 이제 허리를 쭉 펴고 심호흡 한번 해 봅시다!"

깨봉이가 채 말을 마치기도 전에 택견 샘이 우렁차게 말했다. 복희씨도 해잠 샘도 얼떨결에 허리를 쭉 폈다.

"자, 두 손을 편안히 내려놓으시고. 준비됐죠? 그럼 눈을 감고, 시작합니다. 자, 들이쉬고~ 내쉬고, 들이쉬고~ 내쉬고."

지나가던 선생님들이 무슨 일인가 하고 쳐다봤다. 그걸 아는지 모르는지 다들 편안한 얼굴로 심호흡에 집중했다.

〈술술 동의보감〉
"사람의 몸은 텅 비어 있고 그 안에서 기만 움직일 뿐이다. 호흡을 다스릴 수 있으면 온갖 병이 생기지 않는다."

12장
몸의 열은 어떻게 내릴까?

복희씨와 해잠 샘이 아침부터 소파에 앉아 재미나게 이야기를 하고 있었다. 마침 택견 수업을 마친 꼬미와 깨봉이도 택견 샘과 함께 의자를 당겨서 그 둘레에 앉았다. 두 선생님의 이야기가 끝나자 깨봉이가 해잠 샘에게 종이 가방을 내밀면서 말했다.

"선생님, 이거 스페인에 가져가세요. 꿀생강차예요."
"어머, 이건 웬 거니?"
"할머니가 담가 오신 거예요."
"할머니가 오셨구나. 그래서인지 오늘 깨봉이 기분이 더 좋아

보이네."

그러자 깨봉이가 심각한 표정을 짓더니 말했다.

"까딱하면 저 오늘 해잠 샘 못 볼 뻔했어요. 어제 열이 좀 났거든요. 할머니 생신이라 다 같이 식당에 갔는데 에어컨에서 찬바람이 너무 쌩쌩 나와서요. 그런데 할머니가 담가 오신 이 꿀생강차를 마시고 나아졌어요. 그래서 선생님 드리려고 좀 가져왔어요."

해잠 샘이 깨봉이 어깨를 껴안으며 말했다.

"하마터면 깨봉이를 못 보고 스페인으로 갈 뻔했네. 그래 고마워. 나도 몸이 안 좋을 때 꼭 마실게."
"근데 선생님, 열날 때 해열제와 꿀생강차 중 어떤 걸 먹는 게 좋아요? 어제 엄마랑 아빠가 저 때문에 싸우실 뻔했어요. 아빠는 해열제를 먹이려고 하고 엄마는 꿀생강차를 먹이려고 했거든요. 결국 할머니가 둘 다 먹으라고 하셔서 싸우진 않으셨지만요."

그때 복희씨가 안타까운 목소리로 말했다.

"아이구, 한더위는 어지간히 가셨는데도 아직 에어컨을 그렇게 세게 트는구나. 열이 내렸다니 다행이다만, 그럴 때는 목도리를 둘렀으면 좋았을걸!"

"목도리를요? 겨울도 아닌데요?"

깨봉이가 의아하다는 표정을 짓자 택견 샘이 자신있게 나섰다.

"겨울에는 바깥 공기가 늘 차가우니까 땀구멍도 갑자기 찬 기운이 들어오지 못하도록 긴장을 해. 반대로 여름에는 기온이 높으니까 체온을 조절하느라 땀을 흘려서 땀구멍이 느슨해져 있어. 그럴 때 갑자기 에어컨 바람을 쐬면 땀구멍을 닫을 새도 없이 찬 기운이 몸 안으로 훅 들어와 버려. 그러면 감기에 걸리는 거야. 택견할 때, 방심하고 있는데 상대방이 갑자기 발차기를 하면 뒤로 벌렁 넘어지는 것과 같아."

택견 샘의 몸동작에 모두 배꼽을 잡았다. 웃음을 머금은 채 복희씨가 말했다.

"택견으로 설명을 하니까 귀에 쏙쏙 들어오네. 그나저나 이미 입추, 말복이 지났지만 늦더위가 남아 있어서 에어컨을 세게 틀어 놓는 곳이 많더라. 이럴 때 감기 조심해야 해."

깨봉이가 목덜미를 만지며 대답했다.

"네, 그럼… 꿀생강차와 해열제 중 어떤 게 좋은지 알려 주세요!"
"아, 참. 그걸 물었었지? 내 정신 좀 봐. 하하."

복희씨가 물을 한 모금 마시고 이야기를 계속했다.

"어느 게 항상 옳다고 말하기는 어려워. 열이 너무 높을 때는 해열제를 먹어서 급한 불을 꺼야 할 때도 있지. 그렇지만 감기 기운이 좀 있다고 해서 그때마다 약을 먹으면 몸이 스스로 균형을 잡는 힘이 약해진단다. 밖에서 찬 기운이 들어올 때 열이 나는 이유는 피부 겉에서 몸을 지키고 있던 기가 갑자기 들어온 찬 기운과 한바탕 싸움을 벌이기 때문이거든."

"그럼 열이 나는 게 무조건 안 좋다고 할 수는 없네요."

"꼬미 말이 맞아. 집에 누군가 침입을 하면 맞서 싸우게 되는 것과 같단다."

"그런데 나쁜 사람이 들어오면 112나 119에 신고를 해야 돼요. 함부로 맞서다가는 다칠 수도 있어요. 그렇죠 해잠 샘?"

깨봉이가 해잠 샘을 보며 동의를 구했다.

"그래, 아까 복희씨가 말씀하셨던 것처럼 열이 아주 높을 때는 해열제를 먹어야 하지. 잘못하면 위험해질 수도 있으니까. 더군다나 어린아이들은 자기 스스로 체온을 조절하는 힘이 약하기 때문에 특히 조심해야 해."

"저는 병원에 가 본 적이 없어서 그런데, 병원에서는 아이들이 열이 나면 어떻게 해요?"

"아, 꼬미는 병원에 가 본 적이 없겠구나! 병원에서는 일단 해열제를 먹이고 그래도 열이 안 내리면 옷을 벗겨서 열을 내리려고 해. 심하면 얼음 주머니를 베게 하고 또 양 겨드랑이 사이에 끼우기도 하지. 그래도 안 되면 얼음으로 온몸을 닦기도 해."

해잠 샘 설명에 꼬미의 눈이 동그래졌다.

"와! 저는 생각만 해도 시원하지만 아이들은 너무 추울 것 같아요. 그런데 똑같이 열이 나는데 왜 병원에서 하는 것과『동의보감』에서 하는 게 반대예요?"

"아, 그건 병에 대한 생각이 좀 다르기 때문이란다. 모두가 병을 낫게 하려고 애를 쓴다는 점에서는 같아. 현대 의학은 대체로 증상을 빨리 없애는 쪽이 훨씬 발달했어. 통증에 바로 진통제를 먹는다거나, 열이 나면 해열제를 먹어서 바로 열을 내린다거나, 뼈가 부러지면 바로 수술로 이어 준다거나, 사고로 피를 많이 흘리면 바로 수혈을 해 준다거나. 응급 상황에 아주 잘 대처를 할 수 있어. 그런데『동의보감』에서는 모든 병은 음양의 균형이 깨져서 생긴 것이라고 본단다. 그렇기 때문에 몸이 스스로 균형을 바로잡을 수 있도록 도와주는 걸 중요하게 생각해. 물론 그 나름의 응급 처방이 있지만 현대 의학만큼 빠르게 대처하기 어려운 경우가 많아. 그러나 근본적인 치료가 필요할 때는 한의학이 더 많은 도움을 주기도 하지."

"둘 중 어떤 게 더 좋은 거예요?"

복희씨가 설명을 잠시 멈추고 생각하더니 입을 열었다.

"깨봉아, 모든 병에 다 좋은 치료법은 없단다. 병에 따라 그때그때 알맞게 활용하는 게 가장 좋겠지. 그러려면 사람들이 자기 몸에 대해 잘 알아야 해. 평소에 관심을 가지고 관찰을 해야 하지."
"그럼 복희씨, 제 친구 진서가 아토피 때문에 너무 긁어서 진물도 나고 힘들어하는데 그건 어떻게 해야 하나요?"

복희씨가 걱정스러운 얼굴로 답변을 했다.

"아, 그때 그 변비가 심하다던 친구 아니니? 아토피까지 있구나. 그렇다면 생활 습관을 좀 돌아보면 좋을 것 같은데…. 변비도 있고 아토피도 있다고 하니까 혹시 몸에 열이 나게 하는 습관이 있는 게 아닌가 싶구나. 깨봉이 아빠의 탈모와 불면증도 몸에 열이 많았던 게 원인 중 하나였지? 오래 지속되는 증상들은 다 생활 습관과 관련이 깊어."
"많이 아픈 적은 없지만, 어딘가 아플 때 습관을 돌아볼 생각은 못 해 봤어요."

택견 샘의 말을 들으며 깨봉이는 생각에 잠겼다. 그리고 이내 해잠 샘에게 폭풍 질문을 했다. 진서의 아토피가 나을 수 있도록 도와주고 싶었던 것이다.

"그럼 그런 열들을 내리려면 어떻게 해야 해요? 그때도 꿀생강차를 마시면 되나요, 해잠 샘?"
"아토피에? 그건 감기에 걸려서 겉으로 나는 열과는 다르단다. 그런 열은 복희씨 말씀처럼 오랜 습관으로 몸속에 쌓인 열이라서 꿀생강차나 해열제로 해결할 수가 없어. 그런 열은 『동의보감』이 더 잘 해결할 수 있을 것 같아."

복희씨가 몸에 지나치게 열이 쌓이는 이유를 설명했다.

"변비 탈출법에서도 말했듯이 치킨이나 튀김같이 기름에 튀긴 음식이나, 피자, 빵, 과자 같은 가공된 밀가루 음식들은 지나치게 먹으면 몸속에 열이 쌓이게 돼. 또 과식도 열을 발생시킬 수 있어. 뭐든 남으면 뭉치게 되고 뭉치면 거기서 열이 나게 되니까."
"고기도 먹으면 안 되나요?"

깨봉이가 걱정스러운 얼굴로 물었다.

"안 되는 게 아니라 너무 많이 먹으면 문제가 된단다. 그러니 고기도 적당하게 먹어야 하고 성질이 반대인 야채도 함께 먹어서 균형을 맞추는 게 중요해."

그때 택견 샘이 끼어들었다.

"그런데 열을 발생시키는 게 다 맛있다는 게 문제죠. 하하."
"꼭 그렇지만도 않아. 그런 음식이 우리 몸에 들어가서 어떤 문제들을 일으키는지를 제대로 안다면 그렇게 맛있지만은 않을걸!"

친누나인 해잠 샘의 핀잔에 택견 샘이 머쓱해하자 깨봉이가 눈치 빠르게 화제를 돌렸다.

"진서에게 알려 줘야겠어요. 열을 만드는 생활 습관이 있는 게 아닌지 돌아보자고!"

깨봉이가 말을 마치자 복희씨가 중요한 한마디를 덧붙였다.

"그래, 겉으로 나는 열이든, 몸속에 쌓이는 열이든 열을 내리는

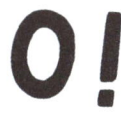

데는 잠을 푹 자는 게 다른 어떤 것보다 효과가 큰 약이란다. 잠이 보약이라는 말도 있어."

"그건 걱정 마세요! 저는 잠을 너무 푹~ 잘 자서 문제인걸요."

"그래 깨봉아, 너는 너무 잘 자는 것 같아. 보약도 너무 많이 먹으면 안 좋아!"

"꼬미 너~!"

복희씨와 해잠 샘, 그리고 택견 샘은 투닥거리는 깨봉이와 꼬미를 바라보며 미소를 지었다.

〈술술 동의보감〉

"찬 기운이 겉에서 엉기면 양기가 속에서 울결된다(뭉친다). 그러면 주리(땀구멍)가 닫혀서 기가 돌지 못해 육부가 막힌다. 육부가 막히면 습기가 속에 몰리면서 안과 밖이 서로 공격하여 찬 기운이 성해지고 열이 생긴다."

13장
눈과 귀를 건강하게 하려면?

"오늘 날씨가 아주 좋구나. 벌써 가을 느낌이 나는걸. 우리 남산 산책 갈까?"

복희씨의 제안에 꼬미가 시무룩한 표정으로 대답했다.

"깨봉이가 오늘 친구들과 약속이 있대요."
"아, 그런데 이 근처 공원에서 만나기로 해서 여기서 점심 먹고 갈 거예요."
"그래? 잘됐구나. 그럼 점심시간 되기 전에 다녀오자."

깨봉이가 같이 간다고 하자, 꼬미는 금세 기분이 좋아졌다. 택견 샘이 따라나서면서 물었다.

"깨봉이 오늘 친구들 만나서 게임하기로 했다면서?"
"게임? 공원에서 친구를 만난다더니 게임을 하는 거였니? 집에서는 부모님이 못하게 하셔서?"

그러자 깨봉이가 손사래를 치며 대답했다.

"아니에요, 복희씨. 엄마한테 말씀드리고 하는 거예요. 이 게임은 다니면서 하는 게임이에요."
"걸어 다니면서? 그건 위험해! 운전을 하다 보면 길 가는 사람들이 죄다 핸드폰에 눈길을 두고 있어서 얼마나 조마조마한지…."
"걱정하지 마세요. 차 다니는 데서는 안 할 거예요. 이 게임은 다른 장소로 계속 움직여야 새로운 캐릭터가 등장해서 훨씬 재미있어요. 그래서 공원에서 하려고 해요."
"길 가면서 안 한다니 안심은 된다만…."

그때 눈을 비비는 깨봉이의 모습이 택견 샘의 눈에 들어왔다.

"깨봉아, 혹시 게임을 너무 많이 하는 거 아니니? 오늘도 택견 시간에 자꾸 눈을 비비던데…. 지금도 눈을 비비네."

복희씨와 꼬미가 동시에 깨봉이를 쳐다보았다. 깨봉이가 황급히 손을 내리면서 복희씨한테 물었다.

"복희씨, 눈을 비비는 건 안 좋은 거예요?"
"좋은가 안 좋은가를 말하기 전에 왜 눈을 비비게 되는지를 생각해 보면 좋을 것 같구나. 그래야 몸에 대해 조금씩 더 알게 되고 그러면 우리가 생활을 어떻게 해야 할지도 배울 수 있으니까."

깨봉이는 언제부터 눈을 비비게 됐는지를 생각하느라 잠시 발걸음을 멈췄다. 복희씨도 가던 길을 멈추고 깨봉이의 눈을 들여다보았다.

"깨봉아, 지금 눈이 어때? 가만히 느껴 봐."
"좀 뻑뻑해요."
"그리고 또 다른 느낌은?"
"좀 뜨뜻해요."
"왜 뻑뻑하고 뜨뜻한 느낌이 들까?"

"음… 잘 모르겠어요."

깨봉이가 뭐라고 해야 할지 몰라 머뭇대자 택견 샘이 나섰다.

"혹시 물기가 없는 것 같아?"
"네, 맞아요. 바로 그거예요! 어떻게 아셨어요?"
"어? 그게 말이야…. 나도 게임을 좀 많이 해 봤거든. 그때 눈이 아주 건조해지더라고."

깨봉이와 꼬미가 거의 동시에 질문을 했다.

"게임을 하면 안 좋은 거예요?"
"게임을 하면 왜 눈이 뻑뻑하고 뜨듯해지는 거예요?"

복희씨가 깨봉이와 꼬미를 번갈아 가며 보았다.

"누구 질문에 먼저 답을 해야 하나?"
"꼬미의 질문이 좋은 거 같아요."
"그래, 그럼 꼬미의 질문에 대해 생각해 보자. 게임을 하면 왜 눈이 뻑뻑하고 뜨뜻한 증상들이 나타나는 걸까?"

아이들이 한참 대답을 못하자 택견 샘이 힌트를 주었다.

"진액이랑 상관이 있을 것 같은데…."

꼬미가 얼른 대답했다.

"아! 진액이 말라 버려서요."
"그걸 좀 더 자세히 설명해 볼래?"

깨봉이가 생각이 났는지 손을 번쩍 들었다.

"제가 해 볼게요. 진액이 우리 몸을 촉촉하게 적셔 준다고 하셨잖아요. 그리고 진액이 눈으로 가면 눈물이 되는데, 그래서 너무 많이 울면 진액이 낭비가 돼서 안 좋다고 하셨어요. 그러니까 게임을 많이 하면 눈물이 말라 버려서 눈이 힘든 게 아닐까요?"
"오, 깨봉이 대단한걸! 그럼 내친 김에 조금 더 나가 볼까? 그럼 아침에 눈을 뜬 다음부터 잠자리에 들어 눈을 감고 잘 때까지 눈을 쉬지 않고 사용하는데도 눈이 마르지도 않고 눈에 열도 안 나는 건 어째서일까?"

복희씨의 질문이 좀 어려운지 깨봉이도 꼬미도 고개만 갸웃거렸다. 그러자 다시 택견 샘이 나섰다.

"평소에는 우리가 눈을 깜빡거리면서 눈물로 계속 눈을 적셔 주고 있으니까 편안한 거죠. 저 어릴 때 누가 오랫동안 눈을 안 깜박거리나 내기하는 눈싸움이라는 걸 했는데, 정말 힘들었어요. 그거 오래 하고 나면 힘들어서 눈이 뻘겋게 돼요."

'눈싸움'이라는 말에 깨봉이가 자신 있게 말했다.

"아, 게임을 오래 하면 왜 눈이 힘든지 알겠어요. 게임에서 이기려면 눈을 자주 깜빡거릴 수가 없어요. 그러니까 눈물이 눈을 촉촉하게 적셔 줄 수가 없어요. 캐릭터들은 동작이 얼마나 빠른지 그 순간을 놓치면 게임 레벨을 올릴 수가 없거든요."

곁에서 가만히 듣고 있던 꼬미도 이제 알겠다는 표정으로 자기 나름의 분석을 내놓았다.

"게임을 할 때 다들 이기려고 기를 쓰니까 눈에 열이 나고, 지면 화가 나서 또 열이 나고, 한 번 하면 자꾸 더 하려는 욕심이 생기니까 쉬지도 않고 하게 돼서 더 열이 나고, 그러니까 눈이 힘든 거 같아요."

"둘 다 분석이 예리한걸! 그러니까 게임을 하면 얼마나 많은 에너지가 들고 진액이 소모되겠니? 그러니까 영상을 보면서 하는 게임은 적당하게 조절해야 해."

복희씨의 말에 깨봉이가 갑자기 무언가 생각난 듯 손을 번쩍 들었다.

"아, 영상! 제가 자꾸 눈을 비비는 이유를 알았어요. 코로나19 때문에 온라인으로 수업을 많이 하고, 그전부터도 학교에서 영상을 보며 공부할 때가 많았어요. 그래서 눈이 피곤한 것 같아요. 친구들 중에는 학습 패드로 공부하는 아이들도 많고 유튜브도 많이 봐요."

"그럴 때 이어폰도 끼고 하니?"

"아뇨. 저희들한테 맞는 이어폰이 잘 없어서 헤드폰을 써요."

"아, 헤드폰! 눈도 귀도 쉴 틈이 없네."

"이어폰이나 헤드폰도 해로운 거예요?"

꼬미의 질문에 복희씨는 이참에 귀와 신장에 대해 알려 줘야겠다고 생각했다.

"눈과 간이 연결되어 있는 것처럼 귀는 신장과 연결되어 있단다. 신장이 겉으로 드러난 게 귀야. 신장은 정을 저장하는 곳이고, 정은 생명을 만드는 소중한 물질이란 거 알고 있지? 그러니 신장이 건강해서 정이 충분하면 그것이 귀까지 잘 운반되어 귀가 소리를 잘 듣는단다. 그런데 이어폰이나 헤드폰을 통해 기계에서 나오는 소리가 계속 귀를 자극하면 열이 나겠지? 그러면 신장의 물기가 차츰 마르게 되고 귀에까지 올라오기 어렵단다. 이때 소리가 매끄럽게 전달이 안 되고 이상한 소리를 내기도 해. 그런 걸 '이명'이라고 하는데 들어 봤니? '귀에서 나는 소리'라는 뜻이야. 이명 때문에 힘들어하는 사람들도 많단다."

복희씨의 설명이 끝나자 꼬미가 자랑을 했다.

"우리 축구단 친구들은요, 게임보다 운동을 더 좋아해요."
"그래. 운동이나 놀이를 하는 아이들이 더 많아졌으면 좋겠다. 점점 영상물이 많아질 텐데, 안 볼 수는 없을 테고, 눈과 귀를 더 건강하게 관리해야 해."

그러자 깨봉이가 관리법을 가르쳐 달라며 복희씨를 재촉했다.

"눈과 귀를 쉬게 해 주는 거야. 하늘과 나무들도 자주 바라보고. 눈이 좀 뻑뻑해지면 두 손바닥을 마주 비빈 다음 따뜻해진 손바닥으로 두 눈을 지그시 눌러 주면 혈액 순환이 잘 돼서 눈이 편안해져. 또 잠을 충분히 자고, 음악도 이어폰이나 헤드폰을 쓰는 대신 직접 듣는 습관을 들이고. 이 정도만 해도 훨씬 편해질 거야."

복희씨가 좀 쉬어 가자며 벤치에 앉았다.

"이렇게 산책을 하면 저절로 눈과 귀는 쉬게 된단다. 저 멀리 산도 보고 하늘도 보고 새소리도 듣고 물소리도 들어 봐."

모두 복희씨 옆에 나란히 앉아 하늘을 보며 새소리 물소리를 들었다. 귀도 편안하고 눈도 시원해졌다.

〈술술 동의보감〉

"책을 오랫동안 보면 혈이 상한다. 혈은 간이 주관하기 때문에 책을 지나치게 읽으면 간이 상한다. 간이 상하면 그 안에서 풍열이 생기고, 열기가 올라가 눈이 어두워진다."

겨울엔 왜 목도리를 할까?

그새 남산 산책길 풍경이 많이 바뀌었다. 잎들을 떨구고 휑하니 가지만 앙상한 나무들이 부쩍 늘었다. 길고양이들도 왠지 추워 보였다. 둘레길 옆을 흐르던 물소리도 들리지 않았고, 산책하는 사람들도 눈에 띄게 줄었다. 갑자기 바람이 불기 시작하자, 꼬미가 깨봉이를 물끄러미 쳐다보았다.

"깨봉아, 너 왜 목도리 안 했어? 안 추워?"
"어? 그러네. 지난주 감기로 결석까지 했으면서…. 목도리를 안 하고 오다니!"

택견 샘의 걱정 어린 말에 깨봉이가 두 손을 세차게 내저었다.

"어휴, 목도리를 하면 답답해요. 뛰거나 할 때 걸리적거려서…. 아침에도 현관을 막 나서려는데 엄마가 목도리를 들고 나오시는 걸 보고 잽싸게 도망쳤죠. 하하."
"그래도 겨울에는 목을 감싸 줘야 돼. 그래야 감기를 예방할 수 있다고."

택견 샘이 계속 걱정하자, 깨봉이는 입술을 삐죽 내밀었다.

"어른들은 왜 자꾸 '목도리, 목도리' 하시는지 모르겠어요. 아까도 감이당으로 올라오는데 어떤 선생님이 저보고 왜 목도리를 안 했냐고 하시더라고요."
"추울 때 목덜미를 드러내 놓으면 감기에 걸리기 쉬우니 걱정이 돼서 그러시는 거지."

깨봉이는 그래도 이해가 안 된다는 표정이었다.

"그냥 옷을 따뜻하게 입으면 안 돼요? 왜 꼭 목을 감싸야 해요?"

"음…, 뭐 그거야 옛날부터 어른들이 다 경험을 해 보고 하시는 말씀이니 믿고 따라야지."

"그래도 그 이유가 있을 거 아니에요."

가만히 듣고 있던 꼬미까지 합세를 했다.

"깨봉이 말을 들으니 저도 궁금해요. 왜 꼭 목을 감싸야 할까요?"

"아니 얘들이! 왜 갑자기 그걸 나한테 물어?"

"그럼 누구한테 물어요?"

"당연~히,"

"복희씨죠! 하하."

그때 바람이 좀 더 세지는 것 같았다. 셋은 부랴부랴 발길을 감이당으로 돌렸다. 2층으로 올라가는데 벌써 탁구공 소리와 왁자지껄한 웃음소리가 들렸다. 연말 탁구 대회를 앞두고 선생님들이 탁구장에서 열심히 연습을 하고 있었다. 막 탁구채를 놓고 땀을 닦던 복희씨가 택견 팀과 눈이 마주치자 목도리를 두르며 나왔다.

"탁구를 좀 쳤더니 땀이 나네."

꼬미가 고개를 갸우뚱하며 물었다.

"땀이 나는데 왜 목도리를 하세요?"
"응? 목도리? 아, 한기(차가운 기운)가 들어가지 못하게 감싸 주는 거야."
"저희가 궁금한 게 바로 그거예요."
"그거라니?"

꼬미가 얼른 받아서 대답을 했다.

"겨울에 왜 목도리를 해야 하는지 궁금해요."
"목도리? 음, 지난번에 아침에 일어나기 힘들 때 알람 대신 간경맥이 흐르는 다리 안쪽을 살살 주물러 주면 눈이 저절로 떠진다고 했었지?"
"네! 아침마다 엄마가 다리를 만져 주시니까 눈이 스르르 떠지더라고요. 신기해요."
"그래서 요즘 택견 시간에 여유 있게 오는구나. 깨봉이처럼 알면 실천을 해야 하는 거야. 실천하지 않으면 정말 아는 게 아니거든."

복희씨가 깨봉이를 칭찬하고는 이야기를 이어 갔다.

"우리 몸에는 간경맥 말고도 오장육부와 연결된 경맥들이 전신에 퍼져 있단다. 그중 등 쪽에는 방광경맥과 독맥이 흐른단다. 독맥은 모든 경맥을 감독한다는 뜻이야. 이름에 걸맞게 등 한가운데인 척추를 따라 흐르지. 방광경맥은 독맥의 양옆을 따라 흐르고. 둘 다 양기, 즉 따뜻한 기운을 통솔한단다."
"이름이 너무 어려워요."

깨봉이가 얼굴을 찡그리자 꼬미가 큰 소리로 말했다.

"방광? 깨봉아 그거잖아. 오줌보!"

꼬미의 말에 모두 웃음보가 터졌다. 한바탕 웃고 나자, 복희씨가 간경맥이 그려져 있던 책을 가져 왔다. 그리고 '족태양 방광경맥'과 '독맥'이라는 제목이 적혀 있는 쪽을 펼쳐 놓았다. 그리고 손가락으로 그림을 가리켰다.

"방광경맥은 여기 눈 안쪽 '정명'이라는 곳에서 시작해서 이마를 지나 정수리를 넘어서 뒷목을 거쳐 등을 타고 죽 흐른단다. 이어서 엉덩이와 종아리 부근의 '위중'을 지나 새끼발가락의 '지음'까지 몸의 뒤쪽 전체를 흘러. 그 과정에서 방광과 연결이 되고. 독맥은 엉덩이의 '장강'에서 출발해서 척추를 타고 올라가 목을 지나 정수리를 넘어서 윗잇몸과 입술 사이의 '은고'에서 마치지."

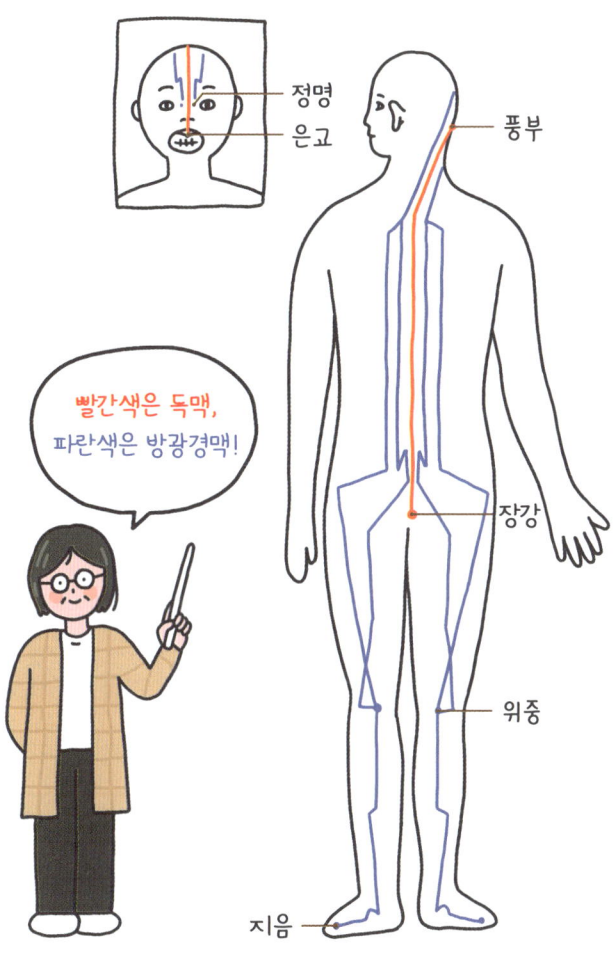

그림을 유심히 보고 있던 꼬미가 고개를 갸우뚱했다.

"아까 방광경맥과 독맥에는 따뜻한 기운이 흐른다고 하셨고, 둘 다 머리에서 목으로 흐르고 있는데 왜 또 목도리까지 하라고 하는 건가요?"
"오~ 예리한 질문인데?"

깨봉이와 택견 샘도 궁금한지 복희씨를 쳐다봤다.

"우리 몸은 늘 같은 체온을 유지해야 탈 없이 살아갈 수 있어. 그런데 기온은 계절에 따라 달라지기도 하고 날마다 다르기도 해. 이런 상황에서 어떻게 해야 체온을 유지할 수가 있을까?"
"계절마다 옷을 바꿔 입어요. 난방도 하고요."
"꼬미 말이 맞아. 그런데 우리 몸 스스로도 그런 변화에 대책을 세우고 있단다. 바깥에서 나쁜 기운이 들어와 몸을 상하게 하지 못하도록 지켜 주는 기운이 있어."
"보초병이 있는 건가요?"

복희씨가 고개를 끄덕였다.

"맞아, 깨봉이 표현대로 보초를 서는 기운이 있단다. 이 기운을 '지킬 위(衛)' 자를 써서 '위기'(衛氣)라고 해. 위기는 우리가 깨어 있는 동안 몸의 바깥을 돌며 나쁜 기운으로부터 우리 몸을 지키다가 우리가 잠자리에 들면 그때부턴 몸 안을 돈단다."

"음, 보초병까지 있는데 왜 목도리를 해야 하는지 얼른 알려 주세요!"

깨봉이가 재촉을 하자 복희씨가 웃으며 말했다.

"깨봉이는 빨리 정답이 알고 싶구나. 이제 다 왔어. 조금만 참아. 자, 왜 등쪽에 따뜻한 기운이 흐르는 경맥이 모여 있는 걸까?"

꼬미와 깨봉이가 골똘히 생각해 보았지만 알 수가 없었다. 복희씨가 힌트를 주었다.

"왜 등에 보초를 서는 병사들이 모여 있을까를 생각해 보렴."

힌트를 듣자마자 꼬미가 손을 번쩍 들었다.

"나쁜 놈이 침략하기 쉬운 곳이라서 문지기들이 지키고 있는 거 아닐까요?"

"바로 그거란다. 등은 한기가 들어오기 쉬운 곳이어서 그걸 막으려고 양기들이 포진해 있는 거지. 그중에서도 목 뒤의 오목하게 들어간 '풍부'라는 곳이 바로 한기가 들어오는 관문이란다. 평소에는 위기로도 충분히 감당이 되지만 겨울이 되어 기온이 아주 차가워지면 위기만으로는 감당하기 어려워져. 그래서 목도리로 풍부를 따뜻하게 감싸서 위기를 도와주는 거야. 그리고 한 가지 더. 몸이 약한 사람은 보통 위기도 같이 약해지기 때문에 겨울이 아니어도 스카프 같은 걸로 목을 감싸 주는 게 좋아. 나처럼!"

깨봉이가 갑자기 택견 샘의 목에 눈길을 주었다.

"사범님, 저 목도리 좀 빌려주세요."
"엥? 목도리? 그럼 나는?"
"사범님은 몸이 튼튼하시니까 위기가 강해서 한기를 잘 막아 줄 거 아니에요. 저는 감기도 걸렸었고 나이도 어리니까 위기가 아직은 약하단 말이에요."
"아까는 그렇게 의기양양하더니?"
"아까는 몰랐으니까 그렇죠~ 이제는 목도리를 해야 하는 이유를 알았으니까 당장 실천을 해야죠. 복희씨가 좀 전에 그러셨잖

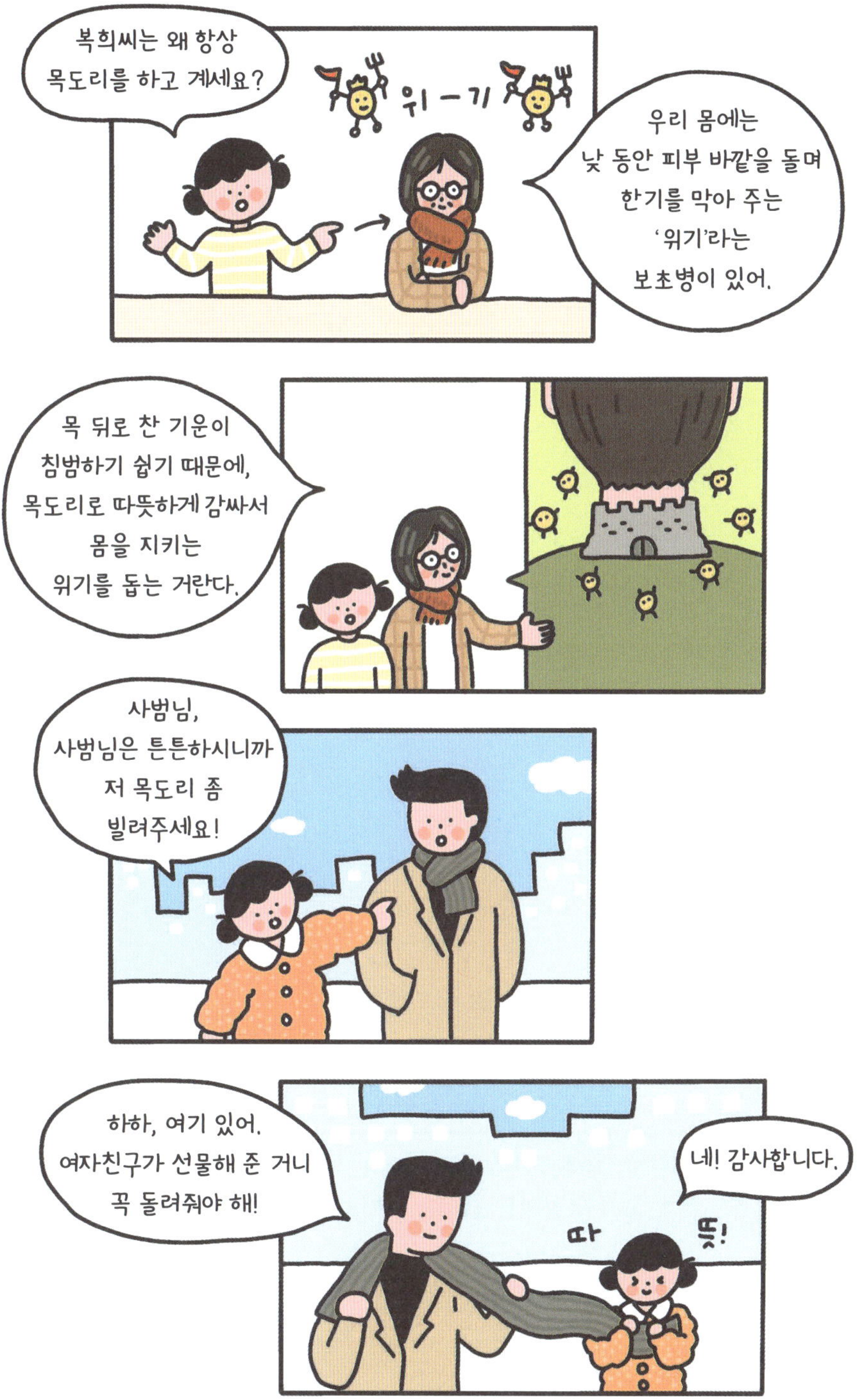

아요. 알았으면 실천을 해야 한다고."

택견 샘이 웃으며 목도리를 풀어 깨봉이에게 건넸다.

"하하. 그래, 여기 있어. 다음 주에 꼭 가지고 와야 해! 여자친구가 선물로 준 거라고."
"네! 감사합니다."

〈술술 동의보감〉

"풍부는 한기가 처음 들어오는 곳이다. 북쪽 사람들은 모두 털로 목을 감싸고, 남쪽 사람들도 허약할 때는 비단으로 목을 감싸는데, 속칭 삼각(三角)이라는 것이 이것이다. 허약한 사람은 반드시 목덜미를 감싸는 것이 좋다."

15장

수승화강이란?

 남산 둘레길로 들어서자 온통 벚꽃 천지였다. 며칠 전만 해도 노란 개나리 세상이었는데 개나리가 피었던 가지는 어느새 파릇파릇 이파리가 돋아나 연둣빛으로 바뀌고 있었다. 꽃구경을 나온 사람들이 삼삼오오 짝을 지어 사진들을 찍느라 야단들이었다. 택견 샘과 깨봉이, 꼬미도 다양한 포즈를 취해 가며 사진을 찍었다. 복희씨도 연신 감탄을 하다가 무슨 생각이 난 듯 발걸음을 멈추었다.

 "꽃이 예쁘기는 하다만 마냥 좋아하기는 좀 그러네. 어제 뉴스에서 그러는데 평소보다 2주일이나 빨리 핀 거래. 이렇게 빨리 핀

건 백 년 만에 두 번째라나."

신바람이 나 있던 깨봉이가 복희씨를 보며 물었다.

"벚꽃이 일찍 피면 안 좋은 거예요?"
"어제 뉴스에서 그러더라. 봄꽃이 이렇게 일찍 피면 땅속에서 겨울을 나는 야생벌들이 굶어 죽을 수도 있고, 그러면 나무도 열매를 많이 맺을 수가 없다고."
"엇, 그럼 우리 집 과수원의 사과나무는 어쩌죠?"

방금 전까지 기분 좋던 택견 샘의 표정이 어두워지자 꼬미의 질문이 쏟아졌다.

"꽃이 일찍 피면 벌이 왜 힘들어요? 그리고 사범님네 사과나무는 왜 사과를 많이 못 만들어요?"
"꽃이 피는 시기와 야생벌이 땅 위로 나오는 시기가 어긋나서 그렇다고 하는구나. 사과나무는 벌이 암술과 수술을 만나게 해 줘야 열매를 맺을 수 있고, 벌은 꽃이 피어 있어야 꽃가루를 먹고 꿀을 만들어서 양식을 마련할 수가 있어. 그런데 올해는 땅속의 벌들이 꽃이 이렇게 일찍 피는 줄 몰랐던 거지."

꼬미는 엄마와 헤어질 무렵 얼음이 녹아 사냥하기 어려워 늘 배가 고팠던 생각이 났다. 그래서 벌들이 걱정됐다.

"지금이라도 알려 줄 방법이 없을까요? 꽃이 지고 나서 벌들이 나와서 굶어 죽으면 어쩌죠? 저도 얼음이 녹아 사냥하기 어려웠을 때 너무 배가 고팠거든요…."
"음, 그러려면 비가 와야 하는데…."

배가 고팠다는 꼬미의 말에 눈물이 나려는 걸 꾹 참고 깨봉이가 물었다.

"비가 어떻게 그걸 알려 줄 수 있나요?"
"봄이 되어 기온이 올라가면 따뜻한 햇볕에 얼었던 땅이 녹으면서 수증기가 생겨. 그것이 하늘로 올라가 구름이 되고, 구름이 무거워지면 비가 되어 다시 내린단다. 그리고 그 비가 땅속으로 스며들어 가 땅속 생물들에게 봄이 오고 있다는 걸 알려 주지. 그러면 벌들도 머지않아 봄이 오고 꽃이 필 거라는 걸 알고, 때맞춰 땅 위로 나올 준비를 해. 그렇게 땅 아래와 땅 위의 기운이 순환이 잘 되면 꿀벌들도 꽃들도 때를 놓치지 않고 서로 도우며 살 수가 있어. 그런데 올봄에는 땅 위는 전보다 훨씬 빨리 따뜻해져서 해 줄 방법이 없었단다."

"그런데 땅 위가 왜 이렇게 빨리 따뜻해진 거예요? 비는 오지도 않고."

"그건… 지구가 더워진 게 가장 큰 원인이라고 해."

복희씨의 말에 꼬미가 울먹이며 말했다.

"네? 그럼 우리 집도 이제 다 녹아서 없어지는 거예요? 전 엄마 아빠를 못 만나는 건가요?"

깨봉이와 택견 샘이 꼬미를 안심시키려고 애를 썼다. 깨봉이는 꼬미의 손을 잡고 힘주어 말했다.

"아니야. 그렇게 빨리 녹지는 않을 거야. 나도 올여름에는 에어컨도 안 켜고, 청소도 이 튼튼한 팔다리로 계속할 거야. 샤워도 덜 할 거고, 샴푸도 안 쓸 거야. 우리 엄마 아빠께도 말하고 친구들한테도 알릴 거야. 그러면 너는 엄마 아빠를 만날 수 있을 거야!"

깨봉이가 워낙 자신있게 말하자, 꼬미도 좀 안심이 된

것 같았다.

"고마워, 깨봉아."
"고맙긴. 너는 엄마를 만나서 좋고, 난 튼튼해져서 좋고, 산불이나 홍수도 덜 날 거니까 그것도 좋고. 음…, 일조 뭐더라. 아! 일조삼조가 되는 거지."
"엉? 일조삼조가 아니고, 일석삼조라고 해야 해."

 혹시 꼬미가 또 울지나 않을까 귀를 기울이던 복희씨가 이 와중에 틀린 말을 바로잡느냐며 웃자, 택견 샘과 깨봉이도 꼬미를 보며 큰 소리로 따라 웃었다. 꼬미도 쑥스러운 듯 미소를 지었다. 꼬미의 기분이 풀리자 모두가 따라서 기분이 좋아졌다. 밥을 먹으러 가자며 벤치에서 막 일어나는데 복희씨와 택견 샘의 핸드폰에서 문자 메시지 알림이 동시에 울렸다. 산불을 조심하라는 안전 문자였다.

"가뭄이 너무 심해서 걱정이다. 올봄에는 비가 너무 안 왔어."
"복희씨, 가뭄과 야생벌만 걱정하실 일이 아니라고요. 제 몸에도 열이 나고 있어요."

그러고 보니 택견 샘 얼굴이 전보다 붉어지긴 했다. 그걸 본 깨봉이가 걱정스러운 말투로 물었다.

"열이라고요? 그럼 이제 사범님도 우리 아빠처럼 머리가 빠지는 건가요?"
"뭐라고? 아니야. 그건 절대 아니야!"
"우리 아빠가 머리 빠지고 잠 안 온다고 했을 때 복희씨가 몸속에 열이 쌓여서 그렇다고 하셨잖아요. 그렇죠 복희씨?"
"그래, 그랬지. 하하."

택견 샘이 몸을 부르르 떨며 불만이 가득한 목소리로 말했다.

"도대체 우리 몸에는 왜 이렇게 열이 잘 쌓이는 건가요?"
"뭐, 결론부터 말하자면 수·승·화·강이 잘 안 돼서 그런 거지."

'수승화강?' 택견 샘이 잽싸게 아는 척을 했다.

"물 수(水), 오를 승(昇), 불 화(火), 내릴 강(降). 그러니까 물은 올라가고 불은 내려온다는 뜻이야."

택견 샘의 말이 끝나기 무섭게 깨봉이가 반박을 했다.

"에이, 물이 내려가고 불이 올라가는 거겠죠. 거꾸로 말씀하신 거 아니에요?"

당황한 택견 샘이 황급히 복희씨를 쳐다보았다. 복희씨가 택견 샘을 구해 주기로 마음을 먹고 입을 열었다.

"불과 물의 본래 성질은 그렇지. 불은 위로, 물은 아래로. 그렇지만 생명 활동이 이루어지려면 그 둘이 섞여야 한단다. 물이 하늘로 올라가 하늘에서 비가 내려야 만물이 살아갈 수 있는 것과 같은 이치란다. 비가 어떻게 해서 내리는지 깨봉이가 다시 설명해 볼래?"

"태양이 뜨겁게 내리쬐면 물이 수증기가 되어 하늘로 올라가서 구름이 되고, 구름이 무거워지면 비가 되어서 내려요."

"그것 보렴. 물이 하늘로 올라가지? 그리고 뜨거운 태양볕은 내려오지? 만약 본래 성질대로만 하면 비가 내릴 수 없고, 모든 생물들은 죽고 말 거야. 우리 몸에서도 똑같은 일이 일어나야 한단다. 그래야 우리가 살아갈 수 있어."

"몸에서도 아래의 물이 위로 올라가고 위쪽의 불이 아래로 내려온다고요?"

"그렇단다. 불 운동을 하는 심장이 위에 있고, 물 운동을 하는 신장이 아래에 있지? 만약 심장의 불이 위로만 올라가고 신장의 물이 아래로만 내려가면, 상체는 불에 타 버릴 것이고 하체는 물이 가득 차서 퉁퉁 붓거나 차갑게 식어 버릴 거야. 다행히 아래에도 불이 있어서 이런 일은 일어나지 않아."

그동안 질문 왕 꼬미에게 밀리던 깨봉이의 궁금증이 폭발했다.

"위에 심장이라는 불은 알겠는데 아래에도 불이 있다고요?"
"그렇단다. 다행스럽게도 우리 몸속 두 개의 신장 중, 오른쪽 신장에 불 기운이 있단다. 그래서 왼쪽 신장의 물을 데워서 위로 올라갈 수 있게 해 줘. 그러면 심장의 불은 물 기운의 도움을 받으며 차분하게 혈액을 팔다리 끝까지 골고루 보내게 돼. 물 기운이 도와주지 않으면 불이 차분하게 타지 못한단다. 나무도 너무 마른 것은 짧은 시간에 활활 타 버리고 말지. 습기를 약간 머금고 있는 나무는 오래도록 안정되게 탈 수 있는 것과 같은 이치야."

깨봉이가 신기해하며 물었다.

"그때 우리 아빠가 탈모라고 했을 때 모자를 쓰지 말라고 하신 것도 머리로 올라가는 불 기운을 흩기 위해서였죠?"

"어, 맞아. 안 그래도 위로 열이 몰리는데 모자까지 쓰면 열이 빠져나가지 못해 머리가 뜨거워지고 그러면 탈모가 더 심해질 수 있으니까. 지금 지구는 이산화탄소라는 모자를 꾹 눌러 쓰고 있는 꼴이지. 편하게 살기 위해서 발명한 것들이 뿜어내는 탁한 기운이 우리를 힘들게 하고 있는 거란다."

이제나 저제나 몸의 열을 내릴 방법을 기다리던 택견 샘이 조심스레 끼어들었다.

"제 몸이나 지구나 수승화강이 잘 안돼서 문제군요. 그럼 저는 어떻게 해야 하나요?"

"복잡할 것 없어. 네 글자로 정리하면 '두한족열'! 택견 사범님, 풀이해 주시죠."

"아, 넵! 머리 두(頭), 찰 한(寒), 발 족(足), 더울 열(熱). 머리는 차갑게! 발은 뜨겁게! 하하."

"어때, 간단하지? 어떻게 하면 뜨거워지기 쉬운 상체와 머리를 식혀 줄까, 어떻게 하면 차가워지기 쉬운 하체를 따뜻하게 해 줄까, 이것만 잘 생각해서 실천하면 대체로 건강하게 살 수 있단다.

가장 좋은 해결책은 바로 걷는 거야! 발바닥에는 몸의 물을 다스리는 '용천'이라는 혈자리가 있다고 했지? 걸으면 신장과 연결된 이 혈자리가 자극을 받아서 온몸에 물이 잘 돌게 된단다. '걸어야 산다'는 말도 있잖아."

꼬미가 갑자기 팔다리를 흔들며 외쳤다.

"걸어야 산다! 수승화강! 수승화강!"

깨봉이가 꼬미 옆에 서더니 목청껏 외쳤다.

"몸도 지구도 수승화강! 수승화강!"

〈술술 동의보감〉

"신장은 두 개가 있는데, 붉은 팥이 서로 마주보는 것처럼 생겼고 등에 붙어 있다. […] 왼쪽 신장은 물의 기운이며, 오른쪽 신장은 불의 기운이다."

〈술술 동의보감〉 출처

본문의 〈술술 동의보감〉은 『동의보감』에서 가져온 것으로, 북드라망의 〈낭송Q 시리즈〉에서 인용했습니다.
책 제목, 출간 연도, 부-장의 순서로 출처를 밝힙니다.

1장   『낭송 동의보감 내경편』, 2014, 5-2.
2장   『낭송 동의보감 외형편』, 2014, 7-4.
3장   『낭송 동의보감 내경편』, 2014, 6-5.
4장   『낭송 동의보감 외형편』, 2014, 24-5.
5장   『낭송 동의보감 내경편』, 2014, 2-1.
6장   『낭송 동의보감 외형편』, 2014, 10-1~10-2.
7장   『낭송 동의보감 내경편』, 2014, 4-7.
8장   『낭송 동의보감 내경편』, 2014, 2-8.
9장   『낭송 동의보감 내경편』, 2014, 6-25.
10장 『낭송 동의보감 잡병편(1)』, 2015, 4-6.
11장 『낭송 동의보감 내경편』, 2014, 2-5.
12장 『낭송 동의보감 잡병편(1)』, 2015, 3-3.
13장 『낭송 동의보감 외형편』, 2014, 3-5.
14장 『낭송 동의보감 외형편』, 2014, 9-1.
15장 『낭송 동의보감 내경편』, 2014, 5-17.

저자 소개

지은이

오창희

감이당에서 마음이 통하는 사람들과 함께하는 일상이 즐겁습니다. 『주역』, 『동의보감』 등 동양 고전을 중심으로 공부하고 있고, 불교에도 관심이 많습니다. 어린 친구들이 『동의보감』을 읽고 몸과 마음을 건강하게 돌보기를 바라는 마음을 이 책에 담았습니다. 쓴 책으로는 40년 류머티즘 동행기 『아파서 살았다』가 있고, 함께 쓴 책으로는 『내 인생의 주역』, 함께 풀어 읽은 『낭송 18세기 소품문』이 있습니다.

지은이

김해완

청소년 시절 남산강학원과 감이당에서 인문학 공부를 했습니다. 지금은 스페인에서 서양 의학 공부를 하고 있으며, 『동의보감』을 비롯한 여러 의학에 관심이 많습니다. 앞으로 몸과 마음 사이의 다리를 놓는 공부, 생명과 치유에 대한 탐구를 이어 나갈 예정입니다. 쓴 책으로는 『다른 십대의 탄생』, 『돈키호테, 끝없는 생명의 이야기』, 『쿠바와 의(醫)생활』 등이 있습니다.

그린이

니나킴

투박하고 단순한 그림으로 일상의 순간들을 따뜻하게 포착해 내는 일러스트레이터이자 작가입니다.『잠시 주춤, 하겠습니다』,『사라지고 싶은 날』,『Mother』를 그리고 썼습니다.

감수

여인석

연세대학교 의과대학 의사학과 교수 및 의학사연구소 소장으로 재직하고 있습니다. 연세대학교 의과대학을 졸업하고 동 대학원에서 기생충학으로 의학 박사학위를 받았고, 파리 7대학에서 서양고대의학의 집대성자인 갈레노스에 대한 연구로 박사학위를 받았습니다.

쓴 책으로는『한 권으로 읽는 동의보감』(공저),『의학사상사』,『한국의학사』(공저) 등이 있고, 옮긴 책으로는『정상적인 것과 병리적인 것』,『라메트리 철학선집』,『캉길렘의 의학론』등이 있습니다.